Bibliografische Information der Deutschen Nationalbibliothek:
Die Deutsche Nationalbibliothek verzeichnet diese Publikation in der Deutschen Nationalbibliografie; detaillierte bibliografische Daten sind im Internet über http://dnb.d-nb.de abrufbar.

Impressum
© Fünfte Auflage 2024, Rainer Uhlmann
Verlag: BoD • Books on Demand GmbH,
In de Tarpen 42, 22848 Norderstedt
Druck: Libri Plureos GmbH, Friedensallee 273,
22763 Hamburg
ISBN: 978-3-7347-5435-7

Rainer F. Uhlmann

Besser lachen

Witze - mehr oder weniger fromm

Gewidmet meinen lieben Haller Verbindungsbrüdern

Insbesondere danke ich Kristian Neidhardt für die Anregung und den fachkundigen Rat zu diesem Büchlein

Lesertest

Liebe Leserin, lieber Leser,

ob Sie für dieses Büchlein geeignet sind, soll mit Hilfe eines kleinen Tests vorab geklärt werden. Lesen Sie bitte die folgende kleine Geschichte:

Eine Gruppe von Freunden des Witzes hat ihre umfangreiche Witzesammlung durchnummeriert. Das hat den Vorteil, dass sie beim gegenseitigen Witzeerzählen viel Zeit sparen bzw. innerhalb der gleichen Zeiteinheit sich mehr Witze erzählen können. Das geht dann so: jemand sagt eine Nummer, die anderen wissen, welcher Witz gemeint ist, und schmunzeln. Doch da passiert es: einer nennt die Nummer 1093, ein anderer fängt überraschenderweise an herzhaft zu lachen. Alle schauen sich an: Was ist los? Der ernsthaft Belustigte klärt auf: den kannte ich bisher noch nicht! - Ach so.

Finden Sie diese Geschichte lustig? Falls "ja", wünsche ich Ihnen beim Lesen viel Vergnügen! Falls "nein" haben wir ein Problem. Möglicherweise war die Anschaffung dieses Bändchens eine Fehlinvestition, ich danke Ihnen aber trotzdem dafür! Abhilfe könnte schaffen, dass Sie etwas über diese Anekdote nachdenken und sie in einer Form von "Nachzündung" doch noch lustig finden. Sollte auch das nicht helfen, könnten Sie dieses Büchlein einer gescheiteren Person schenken, oder einem guten Zweck zukommen lassen und in den Diakonieladen bringen, oder, wenn Sie auf finanzielle Schadensbegrenzung Wert legen, in einer Internet-Auktion meistbietend versteigern. Sollten Sie diesen Ratschlägen nicht Folge leisten und trotzdem weiterlesen, ist das Ihr Risiko, ich habe Sie gewarnt!

Nun Spaß beiseite, die folgenden Witze habe ich im Laufe der letzten Jahre gesammelt. Ein Faible hege ich für den besonderen Charme des jüdischen Humors. Mein tiefer Respekt gilt allen "Erfindern" solch netter kleiner Geschichten - Chapeau und merci vielmals!

Und los geht's ...

№ 1

Gott bittet Mose, er möge ihm sagen, welches Gelobte Land er sich wünsche. Mose denkt nach, wägt die Vor- und Nachteile verschiedener Länder ab, zieht verschiedene Gesichtspunkte in Betracht und entscheidet sich schließlich für das sonnige Kalifornien. Da Mose bekanntermaßen eine schwere Zunge hat, geht ihm seine Antwort nur mühsam über die Lippen, er nimmt Anlauf und sagt:
"Ka ... Ka ..." Gott, der seinen Diener umgehend zufriedenstellen möchte, begreift:
"Kanaan willst du? Dieses öde und karge Land?! Nun gut, Momo, du willst Kanaan, also sollst du Kanaan haben."

№ 2

"Es gibt keinen Gott ... und wir sind sein auserwähltes Volk!"
(Woody Allen)

№ 3

Ein einsamer Bergsteiger erklimmt einen Gipfel im ewigen Eis. Weit oben verliert er den Halt, rutscht ab und wird zunächst vom Seil festgehalten. Aber das Seil rollt sich immer weiter ab, spannt sich, und schließlich reißt es. Der Bergsteiger stürzt ein Stück tiefer und kann sich mit den Fingern gerade noch an einer vereisten Felskante festhalten. Unter ihm gähnt tausend Meter tief der Abgrund. Er versucht sich hochzuziehen, aber vergeblich. Er ruft, um keine Lawine auszulösen, mit möglichst gedämpfter Stimme:
"Ist da jemand?" Nur die Stille antwortet. Unmerklich lauter versucht er sein Glück erneut: "Ist da jemand?" Jetzt erhebt sich eine gewaltige Stimme: "Ja, ich bin da! Gott!"
Der Bergsteiger fasst Mut und harrt voller Hoffnung der Dinge, die da kommen sollen, während aus seinen Fingern die letzten Kräfte weichen. Die Stimme fährt fort: "Vertraue mir, mein Sohn. Lass los. Zwei wunderschöne weiße Engel fangen dich auf."

Der Bergsteiger überlegt. Kaum ist die Stille wieder eingekehrt, ruft er zaghaft: "Ist da noch jemand?"

№ 4
Reb (Rabbi) David begegnet Reb Mosche: "Ich hörte, du hältst dich für den Messias?" "Ich halte mich nicht für den Messias, ich bin der Messias!" "Ach? Und woher weißt du das? Wer hat dir das gesagt?" "Das hat Gott mir gesagt!" "Wie bitte? Gar nichts habe ich dir gesagt!"

№ 5
Der alte Isaak setzt Gott in der Synagoge heftig zu: "Herr, was sind für Dich schon tausend Jahre? Nur ein Tag, vielleicht nur eine Minute! - Herr, was sind für Dich eine Million Euro? Ein Cent! - Herr, schenk mir doch einen Cent!" Von droben eine Stimme: "Gerne, aber warte eine Minute!"

№ 6
Der Schamasch (Mesner) der Synagoge ist verzweifelt: Die Hochzeit ist seit zwei Stunden vorüber, aber die Gäste stehen plaudernd in der Halle und wollen einfach nicht gehen. Ratlos ruft er beim Rabbiner an: "Was soll ich machen? Sie wollen einfach nicht gehen." "Rufen Sie: »Feuer!«" "Habe ich schon: Sie haben sich nicht von der Stelle gerührt." "Rufen Sie: »Haltet den Dieb!«" "Auch schon versucht, hat nichts genützt." Der Rabbi ist nun gezwungen etwas tiefer in die Trickkiste zu greifen: "Dann führen Sie eben eine Kollekte durch!"

№ 7
Drei Studenten unterschiedlicher Talmudschulen treffen sich und diskutieren. Natürlich geht es um ihre Rabbis, und jeder versucht den anderen zu übertrumpfen, indem er die Weisheit, den Ruhm, den Feinsinn und die Großmut seines Meisters preist.
"Mein Rabbi ist phänomenal", sagt der erste. "Wenn man einen Band der Gemara nimmt und irgendwo in die erste Seite eine Nadel hineinsticht, dann kann er einem unfehlbar sagen, welche Wörter auf den folgenden Seiten durchstochen sind."

"Mein Rabbi ist besser", prahlt der zweite. "Er kann das Gleiche, wenn man die Gemara von hinten, von der letzten Seite her, durchsticht."
"Das ist noch gar nichts", ruft der dritte Student aus. "Mein Rabbi speist an der Tafel Gottes!"
"Wenn dein Rabbi das behauptet hat", fahren die Kameraden ihn an, "dann ist er ein Lügner."
Doch er kontert mit stringenter Logik: "Wenn er ein Lügner wäre, würde Gott ihn doch nicht an seiner Tafel speisen lassen!"

№ 8
Ein Nichtjude fragte eines Tages seinen jüdischen Freund: "Warum antworten Juden auf eine Frage eigentlich immer mit einer Gegenfrage?" Der Jude meint: "Warum auch nicht?"

№ 9
Ein Rabbiner überrascht seine Frau mit einem anderen im Bett. "Lea, das heiße ich gar nicht gut. So fängt es an, und schließlich endet es damit, dass am Sabbat geraucht wird."

№ 10
Laurent wettet mit seinem Freund Jonathan, dass er schon nach einem ersten Gespräch mit dem Rabbiner zum Glaubensübertritt zugelassen werde. Der Rabbiner stellt dem Kandidaten einige Fragen und bittet ihn dann, seine beruflichen Qualifikationen zu nennen.
"Ich bin Doktor der Philosophie, meine Dissertation behandelt die sokratische Logik."
"Ich werde prüfen, ob Sie die geistigen Voraussetzungen zum Studium des Judentums erfüllen. Ich werde Ihnen Fragen zur Logik stellen, denn das ist ja Ihr Spezialgebiet."
Laurent ist bereit. Der Rabbiner streckt zwei Finger in die Luft:
"Zwei Männer steigen durch einen Schlot hinab. Der eine kommt sauber, der andere schmutzig heraus. Welcher von beiden geht sich waschen?"
"Soll das eine Prüfungsfrage zur Logik sein?"

Laurent kann sich das Lachen kaum verkneifen. "Ganz recht", antwortet der Rabbiner unbeirrt. "Na gut! Der Schmutzige geht sich waschen."

"Falsch. Der Saubere geht sich waschen. Die Logik ist simpel: Der Schmutzige erblickt den Sauberen und meint, er sei auch sauber, also geht er sich nicht waschen. Der Saubere sieht den Schmutzigen und meint, er sei auch schmutzig, also geht er sich waschen."

"Einleuchtend", findet Laurent. "Machen wir mit der nächsten Prüfungsfrage weiter."

Der Rabbiner streckt erneut zwei Finger in die Luft:

"Zwei Männer steigen durch einen Schlot hinab. Der eine kommt sauber, der andere schmutzig heraus. Wer geht sich waschen?"

"Sie haben die Antwort doch eben genannt: Der Saubere geht sich waschen."

"Falsch. Beide gehen sich waschen. Die Logik ist: Der Saubere sieht den Schmutzigen und denkt, auch er sei schmutzig, also geht er sich waschen. Sieht dagegen der Schmutzige, dass der Saubere sich waschen geht, also geht auch er sich waschen. Folglich waschen sich beide."

"Darauf wäre ich nicht gekommen", sagt Laurent. "Stellen Sie eine weitere Prüfungsfrage, jetzt habe ich die Methode erfasst."

Der Rabbiner streckt seine beiden Finger in die Luft:

"Zwei Männer steigen durch einen Schlot hinab. Der eine kommt sauber, der andere schmutzig heraus. Welcher von beiden geht sich waschen?"

"Beide, zu diesem Schluss sind wir doch soeben gelangt."

"Falsch! Keiner von beiden wäscht sich. Die Logik ist: Der Schmutzige sieht den Sauberen und denkt, auch er sei sauber und wäscht sich folglich nicht. Der Saubere sieht, dass der Schmutzige sich nicht wäscht und wäscht sich folglich auch nicht. Also wäscht sich keiner von beiden."

Kleinlaut bittet Laurent: "Jetzt bin ich ganz sicher, dass ich es begriffen habe. Stellen Sie mir eine letzte Prüfungsfrage." Der Rabbiner streckt wiederum seine beiden schicksalshaften Finger in die Luft:

"Zwei Männer steigen durch einen Schlot hinab. Der eine kommt sauber, der andere schmutzig heraus. Welcher von beiden geht sich waschen?"
"Keiner geht sich waschen", antwortet Laurent kaum hörbar.
"Falsch. Merken Sie jetzt, dass die sokratische Logik eine viel zu dürftige Grundlage zur Lösung talmudischer Probleme ist? Die Antwort lautet: Diese Frage ist töricht. Wie ist es möglich, dass zwei Menschen aus demselben Schlot herauskommen und der eine sauber, der andere aber schmutzig ist? Wer das auf Anhieb nicht begreift, dem fehlen zum Talmudstudium alle geistigen Voraussetzungen."

№ 11
Zu Anfang des 20. Jahrhunderts sitzt ein alter Jude in einem Coupé der Transsibirischen Eisenbahn. In einem Nest steigt ein Offizier des Zaren zu. Nach einem Augenblick des Schweigens fragt der Offizier:
"Sagen Sie, warum sind Juden so viel intelligenter als andere?"
"Die Ursache ist", antwortet der Alte nach reiflicher Überlegung, "dass sie Hering essen."
Daraufhin zieht er aus seinem Reisesack Heringe heraus und beißt genüsslich in einen hinein. Der Offizier zieht den strengen Geruch in die Nase und fühlt sich schon viel gescheiter.
"Wie viele Heringe haben Sie dabei?" fragt der Offizier. "Ein gutes Dutzend."
"Und was würden Sie dafür verlangen?" "25 Rubel."
"Donnerwetter! Das ist gewaltig, aber Sie sollen das Geld haben."
Der Offizier zahlt die verlangte Summe. Der Jude reicht ihm die Heringe, und der Offizier beginnt sie zu verspeisen. Irgendwann erstarrt sein Gesicht mitten in der Kaubewegung, seine Stirn legt sich in Falten:
"Wie dumm!" ruft er aus. "Für die gleiche Summe hätte ich in Moskau hundert Kilo Hering kaufen können!"
"Sehen Sie", erwidert der Jude schmunzelnd, "und schon wirkt es."

№ 12
Bange sah Schcha, ein orthodoxer junger Mann, der Hochzeitsnacht entgegen. Er wußte nicht, was tun, wenn er nach der Feier mit seiner Frau allein sein würde. Da holte er sich bei den Freunden Rat. "Sei unbesorgt, Schcha", sprachen die zu ihm, "du hast doch Dutzende Male gesehen, wie es die Hunde machen. Tue es einfach ihnen gleich." "Danke, ihr habt mich gerettet." Nach dem Fest begab sich Schcha mit seiner frisch Angetrauten ins Schlafgemach. Zielgerichtet entblätterte sie sich, schlüpfte unter die Bettdecke und wartete sehnsuchtsvoll auf Schcha. Schcha zog sich ebenfalls rasch aus, vergegenwärtigte sich den Rat seiner Freunde, lief auf allen Vieren um das Bett herum und hob an jeder der vier Ecken das Bein ...

№ 13
Ein Grüppchen befreundeter Rentner trifft sich täglich an der Place de la Republique. Stundenlang debattieren sie über das Elend in der Welt, und jeder Satz strotzt vor Pessimismus. Da verkündet eines Tages einer von ihnen: "Wisst ihr was? Ich bin Optimist!" Alle sind betroffen, jeder wittert Verrat. Einer aber sieht, dass etwas nicht stimmt: "Moment! Wenn du Optimist bist, wieso schaust du dann so verzweifelt drein?" "Glaubst du etwa, ein Optimist hat es leicht?"

№ 14
Gestern habe ich den Psychoanalytiker mit seiner Couch auf dem Rücken auf der Straße getroffen. Als ich ihm meine Verwunderung darüber ausdrückte, erklärte er mir: "Ein Notfall!"

№ 15
Cohen sucht einen Psychologen auf: "Ich habe ein Problem, da ist jemand unter meinem Bett." "Haben Sie nachgesehen?" "Ja, aber jedesmal, wenn ich nachschaue, verschwindet er und lässt sich nicht mehr blicken. Und sobald ich nicht mehr unter das Bett schaue, kehrt er zurück. Er raubt mir den Schlaf, ich kann vor Müdigkeit nicht mehr arbeiten, ich verliere noch den Job, wenn das so weitergeht." "Sie brauchen eine Therapie, Herr Cohen.

Kommen Sie zweimal die Woche in meine Sprechstunde." "Wie lange kann das dauern?" "Das weiß ich noch nicht, vielleicht drei Wochen, vielleicht drei oder sechs Monate, vielleicht sogar Jahre." "Liebe Güte, und was kostet das?" "80 Euro eine Sitzung." "Das ist mein Ruin, aber ich habe im Augenblick keine Wahl. Also gut."
Eine Zeitlang geht Cohen regelmäßig zweimal die Woche zu seinem Psychologen. Nach ungefähr fünf Wochen bleibt er ganz plötzlich ohne Absage den Sitzungen fern. Monate später begegnet er dem Therapeuten auf der Straße. Der stürzt sich sofort auf den ehemaligen Patienten:
"Oh, Herr Cohen. Ich habe Sie lange nicht gesehen! Wie geht es Ihnen denn?" - "Ausgezeichnet, danke", antwortet Cohen schamvoll.
"Können Sie inzwischen schlafen, oder ist unter Ihrem Bett immer noch einer?" - "Nein nein, da ist keiner mehr, und ich schlafe ausgezeichnet."
"Ach!" antwortet der Psychoanalytiker etwas verdutzt. "Und wie haben Sie das geschafft?" - "Ich habe meinen Rabbiner konsultiert." - "Tatsächlich?" - "Er hat mir geraten, die Beine des Bettes abzusägen."

№ 16
Madame Chekroun sitzt beim Psychiater in der Sprechstunde: "Doktor, mein Mann hält sich für einen Kühlschrank, ist das etwas Schlimmes?" "Nein, überhaupt nicht. Solange es Sie nicht stört!" "Eigentlich stört es mich überhaupt nicht, nur nachts, wenn er mit offenem Mund schläft und das Lämpchen brennen lässt."

№ 17
Der Psychiater ruft wütend bei Momo an: "Der Scheck, den Sie mir vor zwei Tagen ausgestellt haben, ist zurückgekommen!" "Meine Depressionen auch", antwortet Momo gelassen.

№ 18
Zwei Jahre nach dem Sechstagekrieg schlug Präsident Nixon der israelischen Premierministerin Golda Meir vor, General Moshe Dayan aufgrund seines militärischen Erfolges gegen drei amerikanische Generäle ihrer Wahl einzutauschen. Golda Meir willigte ein: "Sie erhalten General Dayan gegen General Motors, General Electric und General Telegraph."

№ 19
Erstes Rätsel: Was ist der Unterschied zwischen einem Schekel und einem Dollar? Ein Dollar.

№ 20
Zweites Rätsel: Wie kann man in Israel ein kleines Vermögen machen? Indem man mit einem großen einwandert.

№ 21
Ein Beispiel für jiddische Logik: da stand doch in den Kleinanzeigen einer jiddischen Zeitung zu lesen: "Tausche Frau um die 50 gegen zwei um die 25."

№ 22
Der Bürgermeister einer israelischen Kleinstadt besichtigt mit seiner Frau ein Neubauviertel. Ein Bauarbeiter ruft der Gattin zu: "Hey! Ophra! Was tust du denn hier?" Ophra stellt den Mann ihrem Gatten vor und plaudert mit ihm einige Minuten. Im Weitergehen fragt ihr Gatte: "Woher kennst du den Mann?" "Wir sind zusammen zur Schule gegangen. Er wollte mich heiraten." "Zum Glück hast du ihn nicht genommen. Stell dir vor, du wärst die Frau eines Bauarbeiters!" "Täusch dich nicht, wenn er mich bekommen hätte, wäre er heute Bürgermeister!"

№ 23
Rebekka vertraut Salome ihre Sorgen an: "Wenn du wüsstest, wie schamlos mein Mann mich betrügt! Keinen Tag kommt er vor drei Uhr morgens nach Hause." - "Wie mein Mann damals, aber das ist vorbei!" - "Wie hast du das geschafft?" fragt Rebekka

erwartungsvoll. "War gar nicht schwierig", triumphiert Salome. "Wenn er nach Mitternacht heimkam, habe ich im Bett gefragt: "Bist du's, Doudou?" - "Ja und?" - "Mein Mann heißt Jacky."

№ 24
David trifft Elias und sagt ihm aufgebracht: "Elias, ich muss dir etwas Ernstes mitteilen." "Was ist passiert?" "Du weißt, dein Kassierer . . . " "Ja, was ist mit ihm?" "Ich habe ihn gestern im Hotel gesehen, eng umschlungen mit deiner Frau!" "Hast du mich aber erschreckt, David! Ich dachte schon, er sei mit der Kasse durchgebrannt!"

№ 25
Eine Mutter weckt ihren Sohn: "Michael, es ist Zeit, aufzustehen und zur Schule zu gehen." Michael streckt den Kopf aus der Bettdecke: "Ich habe keine Lust!" "Ach was! Du musst aber!" "Ich habe keine Lust! Die Lehrer können mich nicht ausstehen, die Kinder verspotten mich, und alle treten nach mir." Die Mutter zieht ihm die Decke weg: "Michael, dir bleibt nichts anderes übrig. Du musst zur Schule gehen." "Wieso? Sag mir einen Grund, warum ich da hingehen sollte!" "Weil du 45 Jahre alt und der Direktor bist!"

№ 26
Die Eltern erwarten die Geburt ihres zweiten Kindes. Die Mutter bittet ihren Mann: "Bereite Micky auf das frohe Ereignis vor."
Der Vater weiß nicht recht, wie er dem Sohn die Neuigkeit beibringen soll. Schließlich nimmt er all seinen Mut zusammen:
"Micky, ich habe heute einen Storch ums Haus fliegen sehen. Ich bin sicher, er klopft in den nächsten Tagen mit dem Schnabel ans Fenster und bringt uns ein tolles Geschenk . . . "
"Klasse, Papa! Aber pass auf, dass er unsere Mama nicht erschreckt, weil sie doch schwanger ist! Sonst verliert sie womöglich das Kind . . . "

№ 27
Ein Jude geht auf dem Land mit seinem Sohn spazieren. Überall weist er ihn auf die Herrlichkeit und Güte Gottes hin. Plötzlich fliegt ein Vogel vorüber und beschmutzt mit seinem Kot just den schönen Sommerhut des Vaters.
"Oh, sieh nur, Papa, ein Vogel hat auf deinen Hut gemacht!"
"Das ist nicht schlimm, mein Sohn! Danken wir dem Herrn, dass er den Kühen keine Flügel gab!"

№ 28
Eine Tochter aus gutem Hause achtet stets darauf, dass sie niemals nach zehn Uhr abends zu Bett geht - damit sie vor Mitternacht zu Hause ist ...

№ 29
Ein Rabbiner, ein Pfarrer und ein Pastor begegnen sich. Sie reden über die Verwendung des Geldes, das in der Synagoge und in den Kirchen gesammelt wird. "Ich ziehe mit Kreide eine Linie über den Boden", sagt der Pfarrer. "Dann stelle ich mich auf die Linie und werfe das Geld aus dem Opferstock in die Luft: Was auf die rechte Seite fällt, ist für die Kirche, was auf die linke fällt, ist für mich."
"Sehr gut", sagt der Pastor, "aber ich mache es anders: Ich ziehe einen Kreis und stelle mich hinein. Was in den Kreis fällt, ist für die Kirche, was draußen zum Liegen kommt, ist für mich."
"Sehr gut", sagt der Rabbiner, "aber ich mache es noch einmal anders: Ich werfe das Geld einfach in die Luft und sage: "Gott, nimm, was Du brauchst, und überlasse den Rest mir. - Und was dann zu Boden fällt, ist für mich."

№ 30
Der Rabbiner Perez und der Pfarrer Morinet haben es als gute Freunde stets vermieden, über Religion zu reden. Eines Tages wagt der Pfarrer sich vor: "Sagen Sie mir: Glauben Sie an die alles durchwaltende Vernunft Ihres Gottes?" "Selbstverständlich!" "Warum lässt er die Knaben dann nicht alle beschnitten zur

Welt kommen, um ihnen den Schmerz zu ersparen?" "Nun, Hochwürden, da bin ich überfragt!" lacht der Rabbiner.

Sekunden später fragt er seinerseits: "Und Sie, Hochwürden, glauben Sie an die alles durchwaltende Vernunft Ihres Gottes?" "Selbstverständlich!" "Aber warum lässt Gott, wenn er doch weiß, dass ihr Priester unverheiratet bleibt, euch dann nicht ohne ..., Sie wissen schon, zur Welt kommen?"

№ 31
Frank hat während eines Banketts seine Geldbörse verloren. Nachdem er es bemerkt hat, greift er zum Mikrofon: "Meine Damen und Herren, ich bitte um Ihre Aufmerksamkeit. Ich habe heute Abend meine Geldbörse mit 1500 Euro verloren. Der ehrliche Finder erhält 100 Euro." Da meldet sich eine Stimme aus dem Saal: "Ich biete 200!"

№ 32
Jakob wälzt sich seit Stunden schlaflos im Bett. Schließlich fragt seine Frau Myriam besorgt: "Was ist denn los, Jakob, warum schläfst du nicht? Hast du Sorgen?" "Nein nein." "Warum wälzt du dich dann immer hin und her?" "Nur so." "Komm schon, Jakob! Was hast du?" "Na, morgen ist doch der 31." "Na und?" "Dann muss ich zahlen." "Was musst du zahlen?" "Goldberg von gegenüber hat mir Geld geborgt, das wird morgen fällig." "Na und?" "Na und! Ich habe keinen Heller." "Und deshalb schläfst du nicht?" Myriam steht auf, öffnet das Fenster und ruft Goldbergs Namen hinaus. Goldberg öffnet das Fenster. "Was ist denn los! Brennt es bei Ihnen?" "Das nicht, Goldberg, aber stimmt es, dass Jakob Ihnen morgen Geld zurückzahlen muss?" "Ja, das ist richtig!" "Er hat das Geld aber nicht!" Myriam klappt das Fenster zu und sagt zu ihrem Mann: "So, jetzt ist es Goldberg, der nicht mehr schläft!"

№ 33
Händlergeschrei auf einem Pariser Markt: "Zehn Tomaten, fünf Francs! Zehn Tomaten, fünf Francs!" Eine Dame empört: "Was, fünf Francs für zehn Tomaten! Drüben kosten zehn Tomaten nur

vier Francs!" "Dann kaufen Sie Ihre Tomaten doch drüben!" "Drüben sind die Tomaten ausgegangen." - "Wenn meine Tomaten ausgegangen sind, verlange ich auch nur noch vier Francs!"

№ 34
David sucht einen Bankier auf und fragt ihn, ob er einen Wechsel diskontieren würde, der von einer renommierten Persönlichkeit ausgestellt ist. "Sicher", antwortet der Bankier. "Von wem ist der Wechsel?" "Von Rothschild." "Welche Frage! Bringen Sie mir das Papier sofort her." David geht und kehrt mit dem Wechsel wieder. "Aber ...", fragt der Bankier, "wo ist die Unterschrift?" "Wie? Bei Rothschild brauchen Sie eine Unterschrift?"

№ 35
Ein Tourist möchte mit der Fähre über den See Genezareth fahren. Sagt der Fährmann: "Das macht 50 Dollar!". Darauf der Tourist: "Mann, ist das aber reichlich teuer!" Wieder der Fährmann: "Ja, aber über diesen See ist auch Jesus zu Fuß gegangen!" Der Tourist resignierend: "Kein Wunder - bei den Preisen!"

№ 36
"Für was steht wohl das Wort TEAM?", fragt aufgebracht der Abteilungsleiter den Bewerber. Der antwortet: "TEAM? Das heißt: Toll, ein anderer macht's!"

№ 37
Zwei Männer auf einer einsamen Insel, der eine durcheinander und ängstlich, der andere komplett ruhig. Der ängstliche Mann sagt: "Warum machst Du Dir so gar keine Sorgen?" Antwortet der andere: "Ach weißt Du, ich bin Christ. Und, was noch mehr ausmacht, ich habe ein Multimillionen schweres Unternehmen und gebe den Zehnten in meine Gemeinde. Keine Angst, mein Pastor wird uns schon finden!"

№ 38
Yasser Arafat fühlt sich im Rahmen des Terroranschlags auf das World Trade Center verpflichtet, beim amerikanischen Präsiden-

ten George W. Bush anzurufen, er sagt: "Oh President Bush, I send my condolences. The whole Palestinian people share your pain... this is a terrible terrible tragedy that happened and we sympathize with your grief ... words cannot describe the horror of this act ..."
Bush: "Excuse me, but what are you talking about???"
Arafat: "Oh shit, I forgot about the seven hour time zone difference ..."

№ 39
Sagt der Sepp aus München: Des Englisch is a komsche Sprache: I hoast Ei, Ei hoast Egg, Eck hoast koaner (corner) und koaner hoast nobody!

№ 40
Der Pfarrer stattet dem Kindergarten einen Besuch ab. Er fragt ein kleines Mädchen: "Weißt Du, wer ich bin?" "Na klar, Du bist der Nachrichtensprecher aus der Kirche ..."

№ 41
Drei Jungs waren auf dem Heimweg von der Schule, als sie anfingen ihre Väter zu vergleichen. "Mein Papa ist der schnellste, er kann einen Golfball mit 100 km/h schlagen und ihn vor der Landung auffangen." Der zweite stand dem nicht nach. "Okay, aber mein Papa kann einen Pfeil abschießen, zur Zielscheibe rennen und ihn vorher auffangen."
Pause - dann der dritte: "Nicht schlecht, aber eure Väter kommen an meinen nicht ran. Er arbeitet für die Regierung, jeden Tag bis 16 Uhr. Doch um 15.30 Uhr ist er daheim."

№ 42
Ein Vater sah, dass sein Sohn zu viel Zeit mit Computerspielen verbrachte. Um ihn davon abzulenken und zum Lernen zu motivieren, sagte er zu ihm: "Als Abraham Lincoln so alt wie du war, da hat er Bücher im Kerzenlicht studiert." Der Sohn antwortete: "Als Lincoln in deinem Alter war, regierte er als Präsident von Amerika".

№ 43
Schüttelreime: Gib mir noch den Mutterkuss, weil ich jetzt auf den Kutter muss.
Er würgte eine Klapperschlang bis ihre Klapper schlapper klang.

№ 44
Ich geh jetzt in den Birkenwald, denn meine Pillen wirken bald. - Meide immer heiße Ware, sonst bekommst du weiße Haare

№ 45
"Herr Doktor, ich rede im Schlaf!" "Und was ist daran so schlimm?" "Das ganze Büro lacht schon über mich."

№ 46
Am Samstagabend fragt der Pfarrer den Vikar, worüber er zu predigen gedenke.
Der Vikar: "Ich dachte an die Tugend der Sparsamkeit!"
Der Pfarrer: "In Ordnung, aber wir werden die Kollekte wohl besser vorher einsammeln!"

№ 47
Meier kommt am Morgen nach Hause. Seine Frau erwartet ihn mit einem Nudelholz und streckt ihn mit einem gezielten Schlag nieder. Als er wieder zu sich kommt, fällt sie ihm weinend um den Hals: "Verzeihung, Liebling; ich habe vergessen, dass du diese Woche Nachtschicht hast."

№ 48
Arzt: "Da sind Sie ja noch rechtzeitig gekommen."
Patient: "Ist es so ernst?"
Arzt: "Nein, aber morgen wären Sie gesund gewesen!"

№ 49
An einem Montagmorgen entdeckt man vor dem Haupteingang des Oberkirchenrates in Stuttgart ein Findelkind. Ein Rätselraten beginnt, woher denn dieses Kind kommen könnte. Schließlich

stellt man fest, vom Oberkirchenrat könne es jedenfalls nicht sein, und zwar gleich aus drei Gründen:
In neun Monaten hat der Oberkirchenrat noch nie etwas fertiggebracht.
Noch nie hat der Oberkirchenrat etwas mit Lust und Liebe gemacht.
Und noch nie hat er etwas hingekriegt, was Hand und Fuß hat.

№ 50
Der Unternehmer verfügt in seinem Testament, dass er nach seinem Tod verbrannt werden will. "Und die Asche?" fragt der Notar. - Die schicken Sie an das Finanzamt mit dem Vermerk: "Nun habt Ihr alles."

№ 51
Geizig ist, wer eine Frau heiratet, die Weihnachten Geburtstag hat.

№ 52
Zwei Brüder verbrachten eine Nacht in der Adventszeit bei ihren Großeltern. Abends knieten beide wie gewohnt am Bett um still zu beten. Plötzlich begann der Jüngste in voller Lautstärke zu beten: "ICH BITTE DICH UM EIN NEUES FAHRRAD .... UND UM EIN IPHONE ... UND EINEN FUSSBALL ..." Da stieß ihn der Ältere an und fragte: "He, warum schreist Du denn so? Glaubst Du, dass Gott taub geworden ist?" "Nein", war die Antwort, "aber Großmutter!"

№ 53
Gott ruft Obama, Putin und Merkel zu sich und spricht zu ihnen: "Aus ist's, vorbei ist's. Ich mag nicht mehr! Ende 2012 ist der Weltuntergang. Sagt das euren Völkern."
Obama kommt zurück in die USA und hält eine Fernsehansprache an das amerikanische Volk: "Liebe Freunde, ich habe zwei Nachrichten für euch. Zuerst die gute: Gott gibt es wirklich. Nun die schlechte: Ende 2012 ist der Weltuntergang."

Putin sitzt ebenfalls vor dem privatisierten Staatsfernsehen und spricht zu seinem Volk: "Genossinnen und Genossen, ich habe euch heute zwei schlechte Nachrichten zu übermitteln: 1. Gott gibt es wirklich. 2. Die Welt geht Ende 2012 unter."
Und auch Merkel kommt ihrer Verpflichtung und dem Gebot Gottes nach und spricht im ZDF zum deutschen Volke. Sie sagt: "Liebe Freunde, liebe Kolleginnen und Kollegen, ich habe heute zwei gute Nachrichten für euch. Erstens, Gott gibt es wirklich und zweitens, ich regiere bis ans Ende der Welt."

№ 54
Ein Zoologie-Student steht mitten im Examen. Der Professor deutet auf einen halbbedeckten Käfig, in dem nur die Beine eines Vogels zu sehen sind. "Welcher Vogel ist das?" - "Weiß ich nicht." - "Ihren Namen bitte!" Da zieht der Student seine Hosenbeine hoch: "Raten Sie mal!"

№ 55
Der Chef erzählt einen Witz und alle Angestellten biegen sich vor Lachen - nur eine Sekretärin nicht. "Haben Sie keinen Sinn für Humor?" fragt ein Kollege. "Doch, schon, aber ich habe bereits gekündigt!"

№ 56
Ein orthodoxer Rabbiner spielte sehr gerne Golf. Er hatte ein Problem: am Sabbat durfte er nicht spielen. So suchte er im Internet nach einem Golfplatz in einem anderen Bundesstaat. Heimlich ging er am Sabbat dorthin, um zu spielen. Da sagten die Engel zu Gott: "Das kannst du nicht zulassen, so etwas gehört doch gestraft!" Der Rabbi holte aus - und der erste Ball flog geradewegs ins Loch. Ein "Hole-in-one" - das allergrößte und allerseltenste Ereignis für einen Golfer. Er holte wieder aus - auch der zweite Ball ging genauso geradewegs ins Loch, ebenso der dritte. Aufgebracht sagten die Engel zu Gott: "Du solltest ihn doch strafen! Nun freut er sich über jeden Treffer!" Gott: "Das habe ich doch! Denn wem kann er das jetzt erzählen?"

№ 57
Warum können Adam und Eva keine Chinesen gewesen sein? Sie hätten nicht die Frucht gegessen, - sondern die Schlange gebraten!

№ 58
Welcher Nationalität waren Adam und Eva tatsächlich? Natürlich waren sie Nordkoreaner: Sie hatten nichts anzuziehen. Sie hatten kein Haus. Und sie glaubten sich im Paradies ...

№ 59
Voltaire (1694-1778) traf einmal einen Geistlichen, der mit der Hostie zu einem Sterbenskranken eilte, und zog den Hut. "Was?" fragte ein Begleiter, "haben Sie sich mit dem lieben Gott ausgesöhnt?" "Wir grüßen uns", entgegnete Voltaire verschmitzt, "aber wir sprechen nicht miteinander."

№ 60
Ein Pfarrer hatte die allgemeine Auferstehung in Zweifel gezogen. Seine Absetzungsakte wurde Friedrich dem Großen zur Bestätigung vorgelegt. Des Königs Randglosse: "Ist Seyne Sache. Wenn er nicht auferstehen will, so soll er doch Meynetwegen am Jüngsten Tage liegen bleiben"!

№ 61
Der bekannte Theologe Adolf von Harnack besuchte seine baltischen Tanten. Sie erzählten ihm, dass sie gerade fortlaufend das Buch Hesekiel lesen würden. "Versteht ihr denn alles?" erkundigte sich der berühmte Theologe freundlich. Die alten Damen nickten zuversichtlich: "Ja, wir begreifen es schon, und was wir nicht verstehen, erklären wir uns."

№ 62
Fünf Neuseeländer reisten mit einem Audi Quattro durch Europa. An der Schweizer Grenze hielt sie ein Zöllner an und meinte: "Es ist illegal mit fünf Personen in einem Quattro zu fahren." Unverständnis der Reisenden. "Quattro heißt doch vier," erklärte der

Zöllner. Protest der Reisenden: "Quattro ist doch nur der Name. In den Wagenpapieren ist er für fünf Passagiere zugelassen." Der Zöllner ließ nicht locker: "Da könnt ihr lange reden: Quattro heißt vier und deswegen brecht ihr das Gesetz..." Darauf verlangten die Reisenden nach einem Gespräch mit dem Vorgesetzten. "Das tut mir leid," antwortete der Zöllner, "aber der ist sehr beschäftigt. Er verhandelt dort gerade mit den zwei Typen im Fiat Uno ..."

№ 63
Was sind die vier Lieblingstiere einer Frau? Ein Jaguar in der Garage, ein Nerz um den Hals, ein Tiger im Bett und ein Esel, der alles zahlt.

№ 64
Ein Sprichwort der Dakota-Indianer lautet: "Wenn Du entdeckst, dass Du ein totes Pferd reitest, steig ab."
Diese so einleuchtend schlichte Vorgehensweise eines Naturvolkes haben wir auf der Grundlage eines unabweisbaren zivilisatorischen Fortschritts, dessen nächste Stufe zu erklimmen wir uns anschicken, längst überwunden: Wir verfolgen andere, erfolgversprechendere Strategien, um mit solchen Problemchen fertig zu werden. Hier eine Auswahl:
- Wir besorgen eine stärkere Peitsche.
- Wir wechseln den Reiter.
- Wir sagen: So haben wir das Pferd doch immer geritten.
- Wir machen eine Besprechung, um den Zustand des Pferdes zu analysieren.
- Wir besuchen andere Orte, um zu sehen, wie man dort tote Pferde reitet.
- Wir erhöhen die Anspruchsvoraussetzungen für den Beritt toter Pferde.
- Wir machen eine Weiterbildung, um besser reiten zu lernen.
- Wir stellen Vergleiche unterschiedlich toter Pferde an.
- Wir ändern die Kriterien, die besagen, wann ein Pferd tot ist.
- Wir holen Leute von außerhalb, um das tote Pferd zu reiten.

- Wir schirren mehrere tote Pferde zusammen, damit sie schneller werden.
- Wir erklären: Kein Pferd kann so tot sein, dass man es nicht noch antreiben könnte.
- Wir machen zusätzliche Mittel locker, um die Leistung des Pferdes zu erhöhen.
- Wir erklären, dass unser Pferd "besser, schneller und billiger" tot ist.
- Wir bilden einen Ausschuss, um eine Verwendung für tote Pferde zu finden.
- Wir überarbeiten die Leistungsbedingungen für tote Pferde.
- Wir befehlen Mehrarbeit und tragen das tote Pferd selbst.
- Wir strukturieren den Stall um.
- Wir verdoppeln die Futterration.
- Wir erklären, dass ein totes Pferd von Anfang an unser Ziel war.
- Wir befördern den Reiter.
- Wir leugnen, jemals ein Pferd besessen zu haben.
- Wir bleiben sitzen, bis das Pferd wieder aufsteht.

№ 65
"Papa, kannst Du eigentlich Deinen Namen schreiben, wenn Du die Augen geschlossen hast?" - "Aber natürlich, mein Junge!" - "Dann unterschreibe doch bitte mal schnell mein Zeugnis!"

№ 66
Was ist der Unterschied zwischen Gott und einem Lehrer? Gott weiß alles, ein Schulmeister weiß alles besser.

№ 67
Zu dem Gesangbuchlied "Herr Jesu Christ, dich zu uns wend" gibt es eine nette Geschichte aus dem alten Preußen: Ein Superintendent war zu einer Abendgesellschaft geladen worden. Zu später Stunde erlaubte sich ein junger Offizier einen Scherz. Er hob sein Glas und brachte folgenden Trinkspruch aus: "Herr Jesu Christ, dich zu uns wend - Es lebe der Herr Superintendent!"
Die übrigen Gäste waren sehr verlegen. Wie würde der geistliche

Herr reagieren? Doch der hob ebenfalls sein Glas und antwortete mit dem zweiten Vers: "Den Glauben mehr, stärk den Verstand - Es lebe der Herr Leutnant!"

№ 68
Ein kluger Engländer wurde einmal gefragt, was der Unterschied zwischen Englisch, Irisch und Schottisch sei. Er antwortete mit folgendem Beispiel: Wenn man in England bei einer Einladung um mehr Zucker zum Tee bittet, so angelt die Hausfrau ein besonders kleines Stückchen aus der Dose. In Irland reicht Sie Ihnen die Zuckerdose und bittet Sie, sich zu bedienen. Äußert man in Schottland, dass der Tee nicht süß genug sei, so sagt die Hausfrau leise, aber bestimmt: "Sie haben sicher nicht umgerührt."

№ 69
Der Vater von fünf Kindern hatte ein Spielzeug in einer Lotterie gewonnen. Er rief seine Kinder zusammen, um zu klären, welches das Geschenk haben sollte. Er fragte: "Wer ist immer freundlich? Wer ist nie frech gegen Mama? Wer tut sofort, was sie sagt?" Fünf Stimmen antworteten einstimmig "Okay, Papa. Du ..."

№ 70
Die Zählung der Psalmen weist in katholischen und evangelischen Texten Unterschiede auf. Das hat einmal zu einer prekären Mehrdeutigkeit geführt:
Nach der Schlacht von Austerlitz am 5. Dezember 1805 wurde der Rheinbund errichtet. Unter den neun Rheinbundfürsten wollte der württembergische König Friedrich II. sich bei Napoleon besonders lieb Kind machen und ordnete für sein Land einen Dankgottesdienst an. Dabei sollte über Psalm 21, Vers 7 und 8 gepredigt werden. Als die evangelischen Geistlichen die Bibel aufschlugen, fanden sie dort geschrieben: "Du setzest ihn zum Segen ewiglich und erfreust ihn mit den Freuden deines Antlitzes. Denn der König hofft auf den Herrn und wird durch die Güte des Herrn fest bleiben." - Die katholischen Pfarrer aber stellten mit Befremden folgenden Wortlaut fest: "Ich bin ein Wurm und

kein Mensch, ein Spott der Leute und verachtet vom Volke. Alle, die mich sehen, spotten meiner, sperren den Mund auf und schütteln den Kopf."

№ 71
Ein älterer Pfarrer wurde in einer Predigt immer engagierter. Er wollte den Opfergedanken in seiner Gemeinde vertiefen. Deswegen brachte er eine Reihe von Beispielen dafür, wie wir Christen opfern können. Natürlich erwähnte er auch den Bereich des Geldes. "Unser Geld gehört uns nicht allein. Gott verlangt etwas von uns. Und ich kenne einige, allerdings wenige Leute, die geben nicht nur den Zehnten, die geben sogar das Doppelte: den Zwanzigsten!"

№ 72
Beim Kaffeetrinken am Sonntagnachmittag in der Pfarrfamilie erzählt der Hausherr eine Geschichte, die in den Ohren der kleinen Tochter ziemlich merkwürdig klingt. Sie fragt ganz ungeniert: "Papa, stimmt das oder predigst du?"

№ 73
Ein Mann kommt in den Himmel und Petrus steht an der Pforte und sagt zu ihm: "Wir haben von Dir keinerlei Taten mitgeteilt bekommen - weder gute noch schlechte. Kannst Du uns irgend etwas nennen, damit wir entscheiden können, wie es mit Dir weiter geht?"
Der Mann antwortet "O.k., ich habe einer Frau geholfen, die eine Autopanne hatte: sie brauchte dringend zur Reparatur einen kleinen Eisenring. Den fand ich bei einer Clique von Motorradfahrern, deren Anführer, der ein echter Muskelprotz war und total mit Tätowierungen übersät war, einen Piercing-Ring in der Nase hatte. Den habe ich ihm entrissen und der Frau gegeben!"
Petrus: "Und wann soll das gewesen sein?" Antwort: "Vor knapp zwei Minuten..."

№ 74
Kommt eine junge Dame zur Beichte und flüstert: "Ich habe die Sünde der Eitelkeit begangen, weil ich immer, wenn ich in den Spiegel schaue, denke, wie schön ich bin."
Darauf antwortet der Beichtvater: "Das ist keine Sünde, mein Kind, sondern ein Irrtum."

№ 75
"Warum hast du kein Zeugnis?" - "Das habe ich Kurt mitgegeben, der will seine Eltern damit erschrecken."

№ 76
Frage an Radio Eriwan: "Stimmt es, dass in den USA jeder ein Auto hat?" Antwort: "Im Prinzip ja, aber bei uns hat dafür jeder einen Parkplatz."

№ 77
Bei einer Beerdigung im Schwäbischen kann es sich der Pfarrer in der Ansprache nicht verkneifen, doch auch zu erwähnen, dass der Verstorbene eigentlich nie im Gottesdienst zu sehen war. Zwei Freunde von ihm raunen einander zu: "Der wär au jetzt net da, wenn se ihn zu viert reitraga hätta".

№ 78
Karl Barth wurde von einer etwas anstrengenden Dame nach dem ewigen Leben befragt: "Herr Professor, sagen Sie bitte, ist es auch ganz gewiss, dass wir im Himmel all unsere Lieben wiedersehen?" Barth sah die Dame scharf an und sagte dann langsam und mit Nachdruck: "Ja – aber die anderen auch ..."

№ 79

№ 80
"Liebe Kinder", beginnt der Pfarrer seine Katechese, "ihr wollt doch alle gerne in den Himmel kommen..." Da hört man aus dem zustimmenden Gemurmel aller das entschiedene "NEIN" eines

kleinen Jungen heraus. "Wie Manfred, du möchtest nicht in den Himmel kommen, wenn du stirbst???" – "Ach so, wenn ich sterbe! – Das schon. Ich dachte, sie meinten jetzt gleich".

№ 81
Heiter gelassen verhielt sich Pfarrer Niemöller, der Vater Martin Niemöllers. Er hatte auf einem Missionsfest eifrig zur Sammlung aufgerufen unter dem ermunternden Bibelwort "Einen fröhlichen Geber hat Gott lieb" (2Kor 9,7). Darauf tritt ein Mann auf ihn zu und stellt ihm folgende verfängliche Frage: "Herr Pastor, in meiner linken Hand habe ich 500 Mark, die gäbe ich ungern – und in meiner rechten 5 Mark, die opfere ich gern. Was soll ich nun tun?" Darauf Niemöller: "Geben sie ruhig beides – dann drückt Gott schon ein Auge zu."

№ 82
Nach ihrem Aufwachen sagte sie zu ihrem Ehemann: "Oh, ich habe gerade geträumt, dass du mir ein herrliches Perlenhalsband geschenkt hast. Was das wohl bedeuten soll ..." – Seine Antwort: "Warte bis heute Abend ..." Abends überreichte er ihr feierlich ein kleines Geschenk. Erfreut öffnete sie und fand das Buch mit dem Titel "Die Bedeutung von Träumen" vor.

№ 83
Die kleine Tochter sah ihrem Vater bei der Predigtvorbereitung zu. "Papa, sagt dir Gott etwa, was du schreiben sollst???" – "Ja", antwortete der erfreut, "warum fragst du?" – "Warum streichst du dann soviel durch?"

№ 84
Moskau. Ein alter Mann sitzt auf einer Parkbank und liest in der hebräischen Grammatik. - Ein Agent der Geheimen Staatspolizei kommt vorbei und schaut ihm neugierig über die Schulter: "Was für ein Buch ist das, in dieser fremden Schrift?"
Es wird ihm erklärt: "Das ist hebräisch, die Sprache Israels!" - "In ihrem Alter werden Sie kaum nach Israel ausreisen können!"

- "Da haben Sie leider recht, aber im Himmel spricht man auch hebräisch," reagiert der eifrige Leser schlagfertig.
"Und wenn Sie in die Hölle kommen?" forscht der Agent weiter.
"Dort komme ich auch zurecht: Russisch kann ich schon!"

№ 85
Ein Politiker verlässt mit wichtiger Miene die geschlossene Sitzung. "Was sagten Sie in der Besprechung?", fragt ein Reporter interessiert. Die unwirsche Reaktion: "Nichts!" - Der Reporter verständnisvoll: "Das ist mir klar. Aber wie haben Sie es heute formuliert?"

№ 86
In einer Kirche sitzt ein frommer Jude und betet. Da sieht ihn der Pfarrer, geht zu ihm und sagt: "Entschuldigen Sie, Sie haben sich wohl geirrt, das hier ist eine Kirche, keine Synagoge, - außerdem haben wir gleich einen Gottesdienst, wenn Sie verstehen." Da steht der Jude auf, läuft zum Kreuz und sagt: "Komm, Jeschua, wir gehen, Juden sind hier nicht erwünscht."

№ 87
Ein Junge, der in der Schule nur schlechte Noten heimbringt, wird von den Eltern in ein christliches Internat getan, in der Hoffnung, dass dort noch etwas aus ihm werden kann. Und in der Tat verbessern sich die Noten schlagartig, besonders in seinem schlechtesten Fach, Mathematik. Beim Besuch fragen ihn die Eltern, wie es denn so plötzlich zu dieser erfreulichen Wende gekommen sei? "Nun ja", sagt der junge Mann, "wir haben gleich am Anfang so eine Halle besichtigt, Kirche nennen sie das, und da war einer an ein Pluszeichen genagelt. Da habe ich gemerkt, die verstehen hier keinen Spaß."

№ 88
Examen in Kirchengeschichte. Der Kandidat wird hereingerufen:
"Sagen Sie uns was zum Datum 1054" - keine Antwort,
"Sagen Sie uns was zum Datum 1517" - keine Antwort.
"Martin Luther!" - der Kandidat steht auf und geht zur Tür.

Prüfer: "Wieso gehen Sie jetzt weg?"
Antwort des Prüflings: "Ich dachte, Sie haben den nächsten Kandidaten aufgerufen..."

№ 89
Wie nennt man einen Lüneburger, der aus der Kirche ausgetreten ist? Lüneburger Heide.

№ 90
Warum ischt es in Bern verboten, am Samstag einen Witz zu erzähla? Oh, das ischt ganz ainfach: weil sonst die Lytt in der Kirch am Sonntag zu lache anfange.

№ 91
Wundert sich ein preussischer Besucher in einem bayrischen Dorf, dass die Dorfkirche so klein ist: "Ja gehen da denn alle Dorfbewohner hinein?" Antwortet der Mesner: "Jo, wann's alle neiganga dädn, na gangat's net alle nei, aba weil net alle neigan, gehn's scho alle nei."

№ 92
Herr Doktor, ich habe das Gefühl, dass mir überall am Körper Schlangen heraufkriechen. Darauf der Psychoanalytiker entsetzt: "Iiihhh, kommen Sie mir nicht zu nahe!"

№ 93
Thomas fragt seinen Vater: "Meinst du, dass ich schon alt genug bin, um Auto zu fahren?" "Du schon, aber das Auto noch nicht!", erwidert der Vater.

№ 94
Kommt ein Österreicher in einen Baumarkt: "Bittschön, I hätt gern an fünfer un an dreier Bohrer, wei i wüh a ochter Loch boahn." Antwort des Verkäufers: "Geh', nehmen's doch zwa Vierer, da brauchen's net umspannen ..."

№ 95
Ein Berner kommt ins Krankenhaus, weil er sich ein Bein gebrochen hat. Der Arzt fragt ihn, wie das geschah. "Ich bin auf einer Schnecke ausgerutscht."
"Auf einer Schnecke, das ist aber ungewöhnlich! Haben Sie die denn nicht gesehen?" "Nein, das ging nicht." "Wieso nicht?" "Sie kam - huuusch - so schnell von hinten, da hab ich sie übersehen."

№ 96
Fragt der junge Richter seinen ergrauten Kollegen: "Ich habe da einen Schwarzbrenner, der Zwetschgengeist gemacht hat. Wie viel soll ich ihm wohl geben?" - "Auf keinen Fall mehr als zehn Euro pro Liter!"

№ 97
Der Bankier sagt zu seinem Sohn: "Für jede 'zwei' in einer Klassenarbeit bekommst du zehn Euro." - Am nächsten Tag schlägt der Sohn der Lehrerin vor: "Sie könnten sich ab und zu fünf Euro verdienen ..."

№ 98
Ein Mann sitzt in der Badewanne und schimpft leise vor sich hin: "Idiotische Medizin - dreimal täglich zehn Tropfen im warmen Wasser einnehmen ..."

№ 99
Warum trinken die Deutschen Bier, die Russen Wodka und die Italiener Wein? Damit sich die einzelnen Nationen an ihrer Fahne erkennen können!

№ 100
Ein Pfarrer wechselt die Stelle und verabschiedet sich von seiner Gemeinde. Ein alter Herr schüttelt ihm herzlich die Hand: "Ihr Nachfolger wird nicht so gut sein wie Sie!", versichert er dem Pfarrer.
"Ach Unsinn!", erwidert dieser geschmeichelt.

"Doch, doch", sagt der alte Mann. "Ich habe hier fünf Pfarrer kommen und gehen sehen und noch jedes Mal war der nächste schlechter als sein Vorgänger."

№ 101
Ein Pfarrer kommt von einer Reise nach Hause und erfährt, dass der Keller, in dem er seine gesammelten Predigten aufbewahrt, bei einem Unwetter überschwemmt wurde. Entsetzt fragt er seinen Sohn: "Sind meine Predigten etwa nass geworden?" - "Keine Sorge, Papa", lautet die Antwort, "sie sind staubtrocken wie eh und je."

№ 102
Der Medizinprofessor, dem die Warnung vor der schädlichen Wirkung des Alkohols besonders am Herzen liegt, lässt vor den Augen der gespannten Studenten einen Regenwurm in ein Glas mit reinem Alkohol fallen. Sekundenschnell löst sich der Wurm in nichts auf. An seine Studenten gewandt, fragt der Professor: "Nun, meine Damen und Herren, was lernen wir daraus?" Schweigen. Dann, aus der hintersten Reihe, die Antwort: "Trink' Alkohol und du kriegst keine Würmer!"

№ 103
Diesmal macht der Medizinprofessor eine Mutprobe. Der Hörsaal sitzt voll. Vor ihm ein Glas mit Urin, in das er seinen Finger taucht und - anschließend durch den Mund zieht. "Wenn Sie Ärzte werden wollen, sollten sie sich ebenfalls dieser kleinen Prozedur unterziehen" fordert er die angeekelten Damen und Herren auf. Nun ja, dann eben das auch noch, sagen sich die angehenden Mediziner, kommen nach vorne, und ziehen allesamt den uringetränkten Finger durch den Mund. "Gratulation, Sie haben Mut bewiesen," meint der Professor, "nur ihre Beobachtungsgabe lässt zu wünschen übrig, hätten Sie genau aufgepasst, wäre Ihnen aufgefallen, dass ich den linken Finger eintauchte und den rechten durch den Mund zog!"

№ 104
Wie kann man wissen, dass man zu dick ist? Wenn man am Strand liegt und Greenpeace versucht, einen wieder ins Wasser zu wälzen.

№ 105
"Warum hast du denn deine Frau überredet, Blockflöte zu lernen? Wollte sie nicht Klavier spielen?" "Ja, schon. Aber wenn sie flötet, kann sie nicht gleichzeitig noch singen."

№ 106
Vater warf einen Blick in seine Brieftasche und sah dann forschend von seiner Frau auf seinen Sohn. "Der Junge hat Geld genommen!" "Wie kannst du das wissen?" widersprach seine Frau, "es könnte ja auch sein, dass ich es genommen habe." Vater schüttelte den Kopf. "Ausgeschlossen", entgegnete er, "es ist noch etwas drin."

№ 107
Das grüne Pferd: ein englischer Lord pflegt täglich auszureiten. Dabei sieht er des öfteren eine junge, hübsche Dame, die seine Aufmerksamkeit erregt. Er überlegt sich, wie er sie ansprechen kann, es fällt ihm aber nichts ein.
Er befragt einen Freund, und der rät ihm Folgendes: "Streiche dein Pferd grün an, dann musst Du gar nichts tun, sie wird Dich ansprechen. Wenn der small talk gelingt, lädst Du sie zu einem Fünf-Uhr-Tee ein und unterhältst Dich mit ihr über Pferde, die Schönheit der Natur usw. Das kannst Du wiederholen. Aber dann brauchst Du eine Steigerung: lade Sie zu einem Besuch Londons ein. Ihr besucht das British Museum, bummelt durch die Innenstadt, geh mit ihr ins Harrods und kauf ihr was Schönes, dann lädst Du sie zu einem gepflegten Essen bei Jamie Oliver ein, und zur Abrundung des Tages besucht Ihr ein Konzert in der Royal Albert Hall. Es wird ein gelungener Tag sein, auf den Du aufbauen kannst. Seid Ihr Euch näher gekommen, dann lade sie zu einem Wochenende nach Mallorca ein. Sie wird begeistert sein, da werden alle Frauen weich. Und wenn Ihr dann am Strand liegt,

ist die Zeit gekommen, sich der mehr körperlichen Dimension des Unternehmens anzunehmen, der Rest ergibt sich meist von selbst."

Der Lord überlegt kurz und meint: ein genialer Plan! Kurzerhand leitet er die Umsetzung dieser brillanten Idee ein: er streicht sein Pferd grün an und reitet voller Erwartung aus.

Und tatsächlich, die junge Dame ist auch wieder unterwegs. "Oh, ein grünes Pferd, warum haben Sie Ihr Pferd denn grün angemalt?"

Er läuft rot an, verliert den Faden, weiß nicht, was er sagen soll, ganz aufgeregt entfährt es ihm: "Äääh weil äääh, weil ich Sie in Mallorca vernaschen will!".

№ 108

Zwei Juden haben Streit, das geht schon seit Tagen. Schließlich gehen sie in ihrer Not zum Rabbi und fragen: "Du, Rebbe, is schwarz eine Farbe?".

Der Rabbi überlegt, wägt ab und ab und kommt schließlich zu dem Schluss: "Ja, schwarz ist eine Farbe."

Das hilft den beiden aber nicht wirklich weiter, denn sie streiten und streiten und streiten. Sie müssen noch einmal zum Rabbi und fragen: "Du, Rebbe, is weiß eine Farbe?"

Der Rabbi überlegt wieder lange das für und wieder, nickt endlich und findet: "Ja, weiß ist auch eine Farbe."

Da scheint der eine unzufrieden zu sein, aber der andere strahlt und streckt die Hand zur Versöhnung hin: "Siehste? Hab ich dir doch einen Farbfernseher verkauft!"

№ 109

Es geht um die Frage: Was ist der älteste Beruf? Ein Arzt reklamiert diesen Anspruch für sich: Gott hat die Eva aus einer Rippe erschaffen. Ein Architekt hält seinen Beruf für älter: Gott hat die ganze Welt gebaut. Darauf ein Politiker: mein Beruf ist noch älter, denn Gott hat die Welt aus dem Chaos erschaffen ...

№ 110
Ein Schwabe breitet im Winter Mist aus auf dem gefrorenen Bodensee. Kommt ein Schweizer und sagt: "Ja du Bachel, im Frühjahr taut´s und dein Mist versinkt im See!" Darauf der Schwabe: "Bischd ruhig, nochher kommt en Öschdreicher, der will den Acker kaufa."

№ 111
"Anyone meshugge enough to call himself a Jew, is a Jew." (Ben-Gurion)

№ 112
Deutsche Wissenschaftler gruben 50 Meter in die Tiefe und entdeckten kleine Stücke Kupfer. Nach langer Untersuchung dieser Kupferteilchen gab Deutschland bekannt, dass die frühen deutschen Vorfahren vor 2500 Jahren schon ein übers ganze Land verstreutes Telefonnetz hatten.
Indes die britische Regierung war nicht so leicht zu beeindrucken. Sie beauftragten ihre eigenen Wissenschaftler, noch tiefer zu graben. 100 Meter in der Tiefe fanden sie kleine Stücke Glas, und bald gaben sie bekannt, dass die frühen britischen Vorfahren schon vor 3500 Jahren ein landesweites Glasfasernetz hatten.
Israelische Wissenschaftler waren außer sich. Sie gruben 50, 100 dann 200 Meter in die Tiefe, aber sie fanden absolut nichts ... Sie kamen zu dem Schluss, dass die alten Hebräer vor 5500 Jahren schon Mobilfunk hatten.

№ 113
Der Sohn eines jüdischen Geschäftsmannes wollte heiraten. Der Vater warnte seinen Sohn davor, eine ungläubige, nicht-jüdische Frau, eine "shiksa" zu heiraten.
Der Sohn antwortete: "Aber sie konvertiert zum Judentum."
"Das ändert nichts daran," sagte der alte Mann, "dass eine shiksa Probleme verursacht."
Nach der Hochzeit rief der Vater den Sohn an, der mit ihm ein Geschäft betrieb, und fragte ihn warum er nicht zur Arbeit erschienen war.

"Es ist Schabbat." antwortete der Sohn.
Der Vater war überrascht: "Aber wir arbeiten doch immer samstags, da haben wir am meisten zu tun.".
"Ich werde nie mehr samstags arbeiten," betonte der Sohn nachdrücklich, "weil meine Frau möchte, dass wir am Schabbat in die Synagoge gehen.".
"Aha," sprach der Vater, "ich hatte es dir ja vorher gesagt, dass es Probleme gibt, wenn du eine shiksa heiratest."

№ 114
Ein junger Mann und ein alter Jude fahren gemeinsam eine lange Strecke mit der Bahn. Der junge Mann fragt nach dem Einsteigen den alten Juden nach der Uhrzeit, erhält aber keine Antwort. Am nächsten Morgen kurz vor der Ankunft sagt der alte Mann: "Es ist jetzt 8 Uhr 30"
Der junge Mann fragt verwundert, warum er die Antwort erst jetzt erhält.
"Sehen Sie, junger Mann, Ich habe bei mir gedacht, wenn ich Ihnen die Uhrzeit gleich sage werden wir ins Gespräch kommen, Sie werden mir sagen, dass Sie in meine Stadt fahren, dass Sie zum ersten Mal dort sind und ich werde Sie, da ich ein freundlicher Mensch bin, zu mir einladen. Dann werde ich Sie mit meiner Tochter bekannt machen, Sie werden sich in sie verlieben und sie eines Tages heiraten. Da habe ich mir gesagt, was soll ich mit einem Schwiegersohn, der nicht einmal eine Uhr hat."

№ 115
Blum trifft am Versöhnungstag seinen Konkurrenten Löw. Gewillt, mit ihm Frieden zu schliessen, streckt er ihm die Hand hin und sagt: "Ich wünsche dir dasselbe, was du mir wünschst!"
"Fängst du schon wieder an!" erwidert Löw gekränkt.

№ 116
Eine jüdische Mutter möchte ihren Sohn bei einem berühmten Klavierlehrer anmelden.
Der Lehrer sagt: "Ich nehme keine Schüler mehr an!"

Darauf die Mutter: "Ich habe ein Band mit, bitte hören Sie es sich an."
Nach einer Stunde exzellentem Klavierkonzert sagt der Klavierlehrer bewundernd:
"Er spielt wie Horowitz!"
Darauf die Mutter: "Es war Horowitz, aber mein Sohn spielt genauso!"

№ 117
Ein sowjetischer Jude besuchte seine Verwandten in Israel, und vor der Rückreise verabreden sie sich, wenn er in die Sowjetunion zurückkommt, wird er die Briefe mit blauer Tinte schreiben, falls es ihm gut geht, und mit roter Tinte, falls das Leben unerträglich ist. Deshalb dieses kryptische Verfahren, weil die Postkorrespondenz in der Sowjetunion überprüft worden ist.
Der erste Brief kommt mit blauer Tinte geschrieben: "Das Leben bei uns ist wunderschön, man kann alles kaufen, was man will, außer vielleicht roter Tinte ..."

№ 118
Ministerpräsidentin Golda Meir meinte einmal: "Lassen Sie mich Ihnen die eine Sache sagen, die ich gegen Moses habe: Er führte uns 40 Jahre durch die Wüste, um uns zu dem einzigen Platz im Mittleren Osten zu bringen, an dem es kein Öl gibt!"

№ 119
Eines Tages saß ein kleines Mädchen bei ihrer Mutter in der Küche und beobachtete sie beim Geschirrspülen. Auf einmal bemerkte sie, dass ihre Mutter mehrere Streifen mit weißen Haaren hatte, die aus ihrem brünetten Haar versteckt durchschienen. Sie betrachtete ihre Mutter und fragte sie neugierig: "Warum sind ein paar deiner Haare weiß, Mama?"
Ihre Mutter antwortete: "Nun, jedesmal wenn du mich ärgerst und ich deswegen weinen muss und unglücklich bin, dann wird eins meiner Haare weiß."

Das kleine Mädchen dachte über diese überraschende Entdeckung eine zeitlang nach und sagte dann: "Mama, wie kommt es dann, dass von Oma's Haaren ALLE weiß sind?"

№ 120
Der alte Chaim Fischer, Ladenbesitzer, liegt im Sterben. Seine Lieben sind ums Sterbebett versammelt. "Sara, mein Weib, biste da?" - "Ja, mein Chaimele, ich bin da."
"Moshe, mein Sohn, biste da?" - "Ja, Tate, ich bin da." "Lea, meine Tochter, biste da?" - "Ja liebster Tate, ich bin da." Da richtet sich Chaim Fischer auf im Bett und schreit mit letzter Kraft: "Und wer ist im Geschäft?!"

№ 121
Ein katholischer Priester, ein protestantischer Pastor und ein Rabbi sitzen im Saloon einer kleinen Stadt im Wilden Westen und spielen Karten. Dummerweise ist in dieser Stadt das Kartenspielen verboten und der Sheriff ertappt sie auf frischer Tat. Er bringt sie also vor den ortsansässigen Richter, der sie der Reihe nach befragt.
Zuerst den Priester: "Haben Sie im Saloon Karten gespielt?" Der Priester blickt zum Himmel und murmelt kaum hörbar: "Bitte vergib mir ...". Dann sagt er mit fester Stimme: "NEIN!"
Der Richter stellt dem Pastor die gleiche Frage. Dieser tut es dem Priester gleich und sagt noch lauter als sein Vorredner: "Natürlich nicht!"
Schließlich kommt der Rabbi an die Reihe. Auf die Frage des Richters antwortet er verschmitzt: "Mit wem?"

№ 122
Ein Ingenieur kommt durch ein galizisches[1] Schtetl und bestellt beim Schneider eine Hose. Sie wird und wird nicht fertig, der Ingenieur muss abreisen.

---

[1] Galizien ist eine historische Landschaft in der Westukraine (Ostgalizien) und in Südpolen (Westgalizien).

Sieben Jahre später kommt er wieder, geht zum Schneider und fragt augenzwinkernd nach seiner Hose. Der Schneider bringt sie ihm.
"So, so", sagt der Ingenieur, "Gott hat sieben Tage gebraucht für die Erschaffung der Welt, und Sie brauchen sieben Jahre für eine Hose!"
Der Schneider streicht zärtlich über die Hose: "No, schaut euch an die Welt - und schaut euch an diese Hose!"

№ 123
Die Herren Grün und Schwarz haben eine Meinungsverschiedenheit und gehen zum Rabbi, der entscheiden soll, wer von ihnen Recht hat.
Grün erklärte seine Stellungnahme. Der Rabbi hörte aufmerksam zu und sagte dann:
"Grün! Du hast recht." -
Daraufhin sagte Schwarz, dass es unmöglich sei, und hat seinen Standpunkt begründet.
Der Rabbi hat ihm aufmerksam zugehört, und sagte dann:
"Schwarz Du hast recht!" -
Kohn, der zufällig dabei war, sagte empört:
"Rabbi! Wie kann es sein? Grün hat etwas gesagt, du hast ihm recht gegeben, dann hat Schwarz im Gegensatz dazu etwas ganz anderes behauptet, und du hast ihm auch recht gegeben! Es kann nicht sein, dass die beiden gleichzeitig recht haben!
Der Rabbi hat ihm auch aufmerksam zugehört und sagte:
"Weiß du was Kohn? Du hast auch recht!"

№ 124
Zwei Mütter unterhalten sich über ihre jugendlichen Sprösslinge:
"Was will ihr Sohn den später einmal werden?" "Rechtsanwalt. Er streitet gerne, mischt sich ständig in anderer Leute Angelegenheiten und weiß immer alles besser. Da habe ich ihm geraten, er soll sich das bezahlen lassen."

№ 125
In einer Kleinstadt trifft der katholische Pfarrer seinen "Kollegen", den Rabbi: "Rabbi, heut hab ich geträumt, ich käm' in den Jüdischen Himmel! Ich sag Dir: ein Chaos sondergleichen, schreiende dreckverschmierte Kinder rennen herum, ein Lärm sondergleichen, und gestunken hat's die ganze Speisekarte rauf und runter...!" Sagt der Rabbi: "So ein Zufall, Hochwürden ... vor ein paar Tagen träumt ich, ich wär im christlichen Himmel: Sphärenklänge, Wohlgerüche, ein Friede, eine himmlische Ruhe und ... kein Mensch weit und breit!"

№ 126
Lehrer: "Nenne mir bitte drei berühmte Männer mit dem Anfangsbuchstaben B!" Schüler: "Beckenbauer, Breitner, Basler." Lehrer: "Hast du noch nie was von Bach, Brahms oder Beethoven gehört?" Schüler: "Nee, Regionalliga interessiert mich nicht."

№ 127
Was ist der brutalste Sport der Welt? Fußball. Da wird geschossen und geköpft!

№ 128
Der Scheidungsrichter will von Klein-Mäxchen wissen, ob er bei seiner Mutter leben möchte. Mäxchen: "Nein, die schlägt mich immer." Richter: "Dann willst Du wohl zu Deinem Vater?" Mäxchen: "Nein, der schlägt mich auch immer." Richter: "Na, was machen wir denn dann mit Dir?" Mäxchen: "Ich möchte zum 1.FC Köln, weil der schlägt niemanden."

№ 129
Ein Soldat der französischen Besatzungstruppen fiel in Tübingen in den Neckar. Er konnte nicht schwimmen und rief lauthals um Hilfe "Au secour, au secour!" Auf der Eberhardsbrücke steht ein Gog (= alteingesessener Tübinger Weinbauer) und ruft ihm zu: "Oooh Mahle, Du heddsch au besser schwemma glernt anschdadd franzeesisch."

№ 130
Ein Mann bewirbt sich in Kanada bei einer Holzfällergesellschaft. Da er sehr schmächtig ist, bezweifelt man seine Fähigkeit und fragt nach seiner Herkunft. "Ich komme aus der Sahara." "Aber das ist doch eine Wüste?!" "Eben drum, weil ich dort als Holzfäller gearbeitet habe!"

№ 131
Zwei Sozialpädagogen treffen sich auf der Straße. Der eine "Du, sag´ mal, kannst Du mir sagen, wo der Bahnhof ist?" Der andere antwortet: "Nee, Du, kann ich Dir auch nicht sagen, tut mir echt leid." Darauf der erste: "Naja, aber ich fand´s gut, dass wir drüber geredet haben." Am nächsten Tag treffen sie sich wieder und der eine sagt: "Na, hast Du den Bahnhof gefunden?" "Nee," sagt der andere, "aber ich kann jetzt damit umgehen."

№ 132
Eine Philosophin und ein Pfarrer streiten sich darum, welcher der beiden von ihnen vertretenen Disziplinen der höhere Rang zukomme. Spöttisch meint der Pfarrer: "Philosophie ist, als ob jemand in einem dunklen Raum mit verbundenen Augen eine schwarze Katze sucht, die es gar nicht gibt." Darauf antwortet die Philosophin: "Theologie ist, als ob jemand in einem dunklen Raum ebenfalls mit verbundenen Augen eine schwarze Katze sucht, die gar nicht da ist, und er plötzlich ruft: "Ich hab sie!""

№ 133
"Stimmen denn die Wettervorhersagen immer?" will die Tochter vom Vater wissen. "aber ja, mein Kind. Bloß das Datum haut nicht immer ganz hin."

№ 134
Im Deutschunterricht fragt Klaus seinen Lehrer: "Wo kommt eigentlich das Wort Mode her, Herr Kurz?" - "Das ist eine Abkürzung und heißt soviel wie: Männer opfern die Ersparnisse."

№ 135
Sie: Das Auto ist kaputt. Es hat Wasser im Vergaser." Er: "Wasser im Vergaser? Das ist doch lächerlich!" Sie: "Ich sag dir, das Auto hat Wasser im Vergaser!" Er: "Du weißt doch nicht mal, was ein Vergaser ist! Ich werde das mal nachprüfen. Wo ist das Auto?" Sie: "Im Pool!"

№ 136
Chef : "Meine Damen und Herren, ich habe ja nichts dagegen, dass es geteilte Meinungen gibt, aber wir wollen es doch so halten, dass ich eine Meinung habe, und Sie teilen diese."

№ 137
Was ist Zionismus? Eine Krankheit, von der man nur in Israel geheilt wird.

№ 138
Rothschild ist sehr beschäftigt. Ein Besucher kommt. Rothschild, ohne aufzublicken: "Nehmen Sie einen Stuhl!"
Nach einigen Minuten sagt der ungeduldige Besucher: "Ich bin der Fürst von Thurn und Taxis." - Rothschild: "Nehmen Sie zwei Stühle!"

№ 139
David Ben Gurion, Israels erster Premierminister, will in Hemdsärmeln in die Knesset gehen. Einer meint: "Das verletzt die Würde der Knesset! Ziehen Sie doch bitte eine Jacke an!" - Ben Gurion: "Nein, ich habe Churchills Erlaubnis. Als ich nämlich in London war, wollte mir Churchill das Unterhaus zeigen, und ich wollte in Hemdsärmeln mit ihm gehen. Da sagte er: 'So etwas geht hier nicht. Das können Sie bei sich in der Knesset machen.'"

№ 140
Ein Rabbi sagt zu Gott: "Hilfe, mein Sohn ist Christ geworden, was soll ich bloß tun?" Gott antwortet: "mach dir nichts draus, mein Sohn ist auch Christ geworden." Rabbi: "Und was hast du getan?" Gott: "Ich habe ein neues Testament geschrieben."

№ 141
Ein Pfarrer konsultierte einen Psychiater. Dieser fragt ihn unter anderem: "Reden Sie im Schlaf?"
"Nein", antwortet der Pfarrer. "Ich rede nur, wenn andere schlafen".

№ 142
"Papi, wie hat Gott es geschafft, die Welt in sechs Tagen zu erschaffen?"
"Er war nicht auf Handwerker angewiesen!"

№ 143
Der Tübinger Neutestamentler und Judaist Prof. Otto Michel pflegte keinen gesteigerten Wert auf modisch trendige Kleidung zu legen, z.B. waren manche seiner Hosen zu kurz. Als er sich eines Tages von der Uni auf dem Weg nach Hause befand, begegnete ihm kurz vor seinem Wohnhaus ein Bruder der Landstraße und sah ihn in Richtung Haustür einbiegen. Er meinte: "Des brauchsch erscht gar et probiera, da kriagsch nex."

№ 145
"Ich bin sehr besorgt um meine Frau. Sie ist nämlich bei diesem schlimmen Schneetreiben in die Stadt gegangen." - "Na, sie wird schon in irgendeinem Geschäft Unterschlupf gefunden haben!" - "Eben deshalb bin ich ja so besorgt!"

№ 146
Der Lehrer fragt die Schüler: "Wer kann mir die Weinsorte nennen, die am Fuße des Vesuv wächst?" Meldet sich Peter: "Das müsste der Glühwein sein!"

№ 147
Warum sind die schottischen Kirchen meistens rund? Damit beim Einsammeln der Kollekte niemand entfliehen kann.

№ 148
Eine wahre Geschichte: Der Dirigent des Blechbläserensembles der Münchner Philharmoniker, das sich "Blechschaden" nennt, erzählte beim Konzert in der Liederhalle zu seiner Funktion folgendes: Wenn einer Musiker werden will, aber es nicht so richtig packt, drückt man ihm zwei Stöcke in die Hand und lässt ihn Schlagzeuger werden. Wenn auch das nicht klappt, nimmt man ihm einen Stock und lässt ihn Dirigent werden.

№ 149
Zwei Siebenbürger ungarischer Abstammung treffen sich. "Nun, wie geht´s dir?" "Danke, durchschnittlich gut! Siehst du, heut geht´s mir ein bisschen schlimmer als gestern, aber mit Sicherheit besser als morgen ..."

№ 150
Was passiert, wenn eine Stubenfliege in eine Tasse Kaffee fällt? Der Engländer wirft seine Tasse weg und geht. Der Amerikaner nimmt das Insekt heraus und trinkt den Kaffee. Der Chinese isst das Insekt und schüttet den Kaffee weg. Der Japaner trinkt den Kaffee und isst das Insekt, solange es dafür Bonuspunkte gibt. Der Schwabe packt die Fliege und befiehlt: "Spuck's aus, aber alles!" Der Israeli verkauft den Kaffee an den Amerikaner, das Insekt an den Chinesen und bestellt sich einen neuen Kaffee.

№ 151
Ein Reisender zum Portier: "Hätten Sie wohl ein Zimmer frei?"
Portier: "Leider nein."
Reisender: "Hätten Sie ein Zimmer für die Bundeskanzlerin, wenn sie käme?"
Portier: "Aber klar, jederzeit!"
Reisender: "Dann geben Sie mir bitte ihr Zimmer. Sie kommt heute nicht!"

№ 152
"Deine ewige Fragerei ist furchtbar! Ich möchte wissen, was geschehen wäre, wenn ich als Bub so viele Frage wie du gestellt

hätte!", gibt der Vater seinem Sprössling zu bedenken. "Dann könntest du jetzt meine Fragen beantworten!"

№ 153
Der Herr Dekan ist zur Visitation in der Kirchengemeinde. Dazu gehört auch die Beurteilung des Gottesdienstes. Als es soweit ist, hat der Pfarrer nicht geringe Angst vor seinem Auftritt. In der Sakristei schildert er dem Mesner seine Not. Der empfiehlt ihm, von der angebrochenen Flasche Abendmahlswein doch einen kräftigen Schluck zu nehmen. Gesagt getan. In der Predigt wächst der Pfarrer über sich selbst hinaus: so lebendig, mitreißend und lebensnah hat ihn die Gemeinde noch nie predigen hören. Auch der Dekan ist positiv überrascht, jedoch mit ein paar Anmerkungen: "Am Ende der Predigt sagen Sie bitte Amen, nicht Prosit. Und wenn Sie die Kanzel verlassen, tun Sie das gemessenen Schrittes und rutschen nicht das Treppengeländer herunter. Dann heißt das nicht Hallihallo, sondern Halleluja!"

№ 154
Robert fragt seinen sparsamen Kollegen: "Wie kann man bei deiner notorischen Sparsamkeit zum siebten Mal Vater werden?" Meint der andere lakonisch: "Ach weißt du, alles fing damit an, dass wir noch Windeln übrig hatten …"

№ 155
"Nach dem gestrigen Streit ist meine Frau auf Knien zu mir gekommen", berichtet Franz seinem Freund. "Und, was hat sie zu dir gesagt?" "Dass ich endlich unter dem Bett hervor kommen soll!"

№ 156
Sherlock Holmes und Dr. Watson fuhren zum Zelten. Nach einem genüsslichem Abendessen und einer guten Flasche Wein legten sie sich schlafen. Einige Stunden später wachte Holmes auf und rüttelte seinen treuen Freund. "Watson, schau mal zum Himmel und sag mir, was du siehst". Watson antwortete: "Ich sehe Millionen und Abermillionen von Sternen." "Und was sagt dir das?"

Watson überlegte eine Weile. "Astronomisch gesehen sagt es mir, dass es Millionen von Sternen und vielleicht Billionen von Planeten gibt. Astrologisch betrachtet sehe ich, dass der Saturn im Sternbild des Löwen steht. Horologisch gesehen kann ich erschließen, dass es jetzt ungefähr ¼ nach drei Uhr sein muss. Theologisch betrachtet kann ich erkennen, dass Gott allmächtig ist und wir winzig sind und unbedeutend. Meteorologisch erkenne ich, dass wir morgen einen wunderschönen Tag haben werden. Und was sagt es dir?" Holmes war eine Minute still und sagte dann: "Watson, du Idiot, irgendein Gauner hat uns das Zelt gestohlen!"

№ 157
Ein Mann streift allein durch die Savanne Afrikas. Plötzlich sieht er sich von einem Rudel äußerst hungriger Löwen umzingelt. In seiner Verzweiflung betet er zu Gott, er möge doch den Bestien christliche Gedanken schenken. Daraufhin setzen sich die Löwen nieder, falten ihre Pfoten und beginnen zu beten: "Komm, Herr Jesus, sei Du unser Gast, und segne was du uns bescheret hast"

№ 158
Jesus und Mose gehen golfen. Jesus hat ein ehrgeiziges Ziel und will mit dem ersten Schlag ins 200 m entfernte Loch treffen, ein Hole-in-one: "Ich hab letztens auf Sportkanal Tiger Woods diesen Schlag machen sehen, also kann ich das auch."
Mose meint: "Das schaffst du nie!"
Smack - whoosh - splash ... doch der Ball landet mitten im Teich.
"Mose, könntest du mir vielleicht den Ball holen? Der alte Rotmeer-Trick?"
"Okay, ausnahmsweise."
Jesus bedankt sich für den zurückgebrachten Ball, legt ihn sofort neu auf den Abschlagpunkt und lässt den Tiger-Woods-Schlag vor seinem inneren Auge ablaufen.
Smack - whoosh - splash ... diesmal fliegt der Ball sogar über den See ins Rough.

"Mose, könntest du mir vielleicht noch einmal den Ball ins Green holen?"
"No way. Ich hab dir gesagt, du schaffst das nicht. Jetzt sieh zu, wie du selber da rauskommst."
"Na, gut, mach ich's eben alleine", seufzt und geht übers Wasser, um den Ball zu suchen.
Zwei andere Golfer laufen auf und machen große Augen: "Hey, was glaubt der eigentlich, wer er ist? Jesus Christus?"
"Nein", sagt Mose. "Tiger Woods!"

№ 159
Zum Beginn eines katholischen Gottesdienstes sagt der Pfarrer: "Der Herr sei mit euch ... mit dem Mikrophon stimmt etwas nicht..." Die Gemeinde antwortet liturgisch korrekt: " ... Und mit deinem Geiste."

№ 160
John Wesley unternahm eine seiner Reisen mit dem Schiff. Zwei Reisende hatten ihn schon bald entdeckt und flüsterten einander zu: "Den werden wir mal schön an der Nase herumführen. Wir werden versuchen, ihn zum Zorn zu reizen."
Mit betrübten Gesichtern gingen sie zu dem Prediger hin, und einer der beiden sagte ernst: "Herr Wesley, wie traurig; wissen Sie es auch schon? Heute nacht ist der Teufel gestorben." Wesleys Gesicht nahm einen traurigen und ernsten Ausdruck an; er legte seine Hände auf die Schultern des anderen und sagte besorgt: "Furchtbar, jetzt habt ihr niemand mehr, an den ihr euch halten könnt, die ihr vaterlos geworden seid?"

№ 161
In der Grundschule, Religionsstunde, wird grad die Geschichte von Jona und dem Wal erzählt. Lehrer: "Ja und dann kam dieser riiiesen Wal und verschlang Jona und spuckte ihn dann da, wo er hin sollte, wieder aus ..." Und vor Schluss der Stunde fügt er noch hinzu: "Ja, ihr wisst ja, das is so'ne Geschichte, die steht in der Bibel. Die muss man nicht unbedingt glauben."
Doch ein kleines Mädchen sagt ganz fröhlich und sicher: "Herr Lehrer, ich glaub aber daran, dass das wirklich passiert ist." Doch

der Lehrer: "Najaaa, du weisst ja ... das steht in der Bibel. Das muss nicht alles stimmen, was da alles so geschrieben ist."
Aber das Mädchen, immer noch sicher: "Na gut, dann werd ich den Jona halt fragen, wenn ich in den Himmel komm!"
Der Lehrer zieht den nächsten Joker: "Und wenn er nicht im Himmel ist?? Was ist denn, wenn er in der Hölle ist????"
Doch wieder das kleine Mädchen: "Dann können Sie ihn ja fragen!"

№ 162
Deichbruch: In Minutenschnelle steigt das Wasser. Der Pastor klettert auf das Dach seines Hauses. Nach ein paar Minuten kommt die Feuerwehr, bietet ihm an, ihn mitzunehmen: "Danke, Kameraden, aber ich vertraue darauf, dass Gott mich rettet."
Halbe Stunde später: Das Wasser steht an der Regenrinne. Die Feuerwehr kommt im Boot, wieder dieselbe Antwort: "Danke, aber ich vertraue auf den Herrn."
Auch, als ihm das Wasser schon über die Knie geht, lehnt der Pastor ab. Beim nächsten Besuch sehen die Feuerwehrleute nur noch ein paar Luftblasen.
Der Pastor steht also vor seinem Herrn: "Ich bin enttäuscht! So sehr hab ich auf Dich vertraut, und Du hast mich einfach absaufen lassen!"
Darauf der Allmächtige: "Was willst Du denn? Gleich dreimal hab ich Dir die Feuerwehr geschickt ... "

№ 163
Zwei Nonnen, Schwester Logica (SL) und Schwester Mathematica (SM), befinden sich auf dem Heimweg zu ihrem Kloster.
SM: Hast Du bemerkt, dass uns ein Mann seit 38 ½ Minuten folgt? Ich frage mich, was er will.
SL: Das ist doch logisch - er will uns vergewaltigen.
SM: Oh weh! Bei dieser Geschwindigkeit und Entfernung wird er uns in spätestens 15 Minuten eingeholt haben. Was sollen wir tun?
SL: Das einzig Logische: schneller laufen.
SM: Es funktioniert nicht.

SL: Natürlich funktioniert es nicht.
Der Mann tat ebenfalls das einzig Logische: Er lief ebenfalls schneller.
SM: Was sollen wir also tun? Bei dieser Geschwindigkeit wird er uns in einer Minute geholt haben.
SL: Das einzig Logische: Wir trennen uns. Du gehst diesen Weg und ich jenen. Er kann uns nicht beiden folgen.
Der Mann entschied sich für Schwester Logica und folgte ihr. Schwester Mathematica erreicht das Kloster und ist beunruhigt wegen Schwester Logica. Endlich kommt Schwester Logica.
SM: Schwester Logica! Gott sei Dank bist du hier! Sag mir, was geschehen ist!
SL: Das einzig Logische: Der Mann konnte uns nicht beiden folgen, also folgte er nur einer von uns.
SM: Ja, ja! Aber was passierte dann?
SL: Das einzig Logische: Ich begann, so schnell zu laufen wie ich konnte.
SM: Und dann?
SL: Ist doch logisch. Er begann auch so schnell zu laufen wie er konnte.
SM: Ja - und dann?
SL: Es kam, wie es kommen musste: Der Mann holte mich ein.
SM: Du Arme, was hast Du dann getan?
SL: Das einzig Logische: Ich hob meinen Rock hoch.
SM: Oh! Schwester! Musste das sein? Und was tat der Mann?
SL: Das einzig Logische: Er liess seine Hose herunter.
SM: Oh nein! Und? Was geschah dann?
SL: Ist es nicht logisch, Schwester? Eine Nonne mit geschürzten Röcken kann schneller laufen als ein Mann mit heruntergelassenen Hosen!

№ 164
Endlich im Himmel. Ein Ehepaar kommt gemeinsam in den Himmel. Am ersten Tag werden sie herumgeführt, damit sie alles kennen lernen. Die Frau wird dabei immer fröhlicher, das Gesicht des Mannes verfinstert sich immer mehr. Irgendwann platzt

er heraus: "Du und Deine blöde Vollwertkost! Das hätten wir alles schon zehn Jahre früher haben können!"

№ 165
Ein Pfarrer, der früher oft Fußballspiele besuchte, war lange nicht mehr im Stadion gewesen. Eines Tages fragte ihn der Vorsitzende des Sportvereins nach den Gründen. Der Pfarrer antwortete: "Aus den gleichen Gründen, die ich auch immer höre:
Noch nie kam ein Trainer mich begrüßen oder besuchen.
Jedes Mal wird Geld gesammelt.
Die Sitzplätze sind zu hart.
Die Leute neben einem sind unsympathisch.
Der Schiedsrichter ist nicht professionell genug.
Das Spiel dauert manchmal länger als vorgesehen.
Die Musikkapelle spielt Lieder, die ich nicht kenne.
Die Spiele werden zu einer Zeit angesetzt, zu der ich etwas anderes vorhabe.
Und überhaupt: Meine Eltern haben mich früher zu oft gezwungen, mit zum Fußballplatz zu gehen ..."

№ 166
Sagt einer zu einem Bauern: "Du, da draußen auf deinem Acker hat deine Frau ein Techtelmechtel mit einem anderen." Der Bauer schaut kritischen Blicks raus und meint: "Das ist nicht mein Acker!"

№ 167
Sagt ein Feuerwehrmann zu einem Bauern: "Sag mal, rauchen deine Kühe?" Der andere: "Ich glaube du spinnst!" - "Dann brennt dein Stall!

№ 168
Ein Pastor ist in eine Siedlung gezogen und wurde Nachbar eines Rabbiners. Beide hatten ihre Autos vor den Häusern stehen. Da dachte der Pastor, er wolle dem Nachbarn zur Begrüßung ein gutes Werk tun und wusch seinen Wagen. Kurze Zeit darauf machte sich der Rabbi an seinem Auto zu schaffen und sägte den

Auspuff ab. Erstaunt fragt der Pastor, warum er das tue? Der Rabbi meinte: "Du hast mein Auto getauft, und jetzt beschneide ich deines!"

№ 169
Ein Fax an einen Politiker, der im Krankenhaus liegt: "Sehr geehrtes Fraktionsmitglied! Wir wünschen Ihnen gute Genesung - mit 138 zu 17 Stimmen!"

№ 170
Ein Atheist geht ins Museum. Er sieht sich die Bilder an - und bleibt schließlich vor einem Rubens "Die Heilige Familie auf der Flucht" stehen. Er betrachtet lange das Bild. Endlich wendet er sich zu seinem Begleiter: "So sind die Christen! Seit Jahrhunderten erzählen sie den Leuten, Maria und Josef seien so arm gewesen, dass Maria noch nicht einmal ins Wochenbett konnte, sondern ihr Kind in einem Stall hat zur Welt bringen müssen. Aber um sich von Rubens malen zu lassen - dafür hatten sie Geld genug!"

№ 171
Zwei Pastoren fischen am Rand der Straße. Sie haben ein Schild aufgestellt, auf dem zu lesen steht: "Das Ende ist nah! Kehrt um bevor es zu spät ist!" Aus einem vorbeifahrenden Auto schimpft jemand: "Lasst uns in Ruhe mit euren frommen Sprüchen!" Als nächstes hört man ein lautes Platschen. Der eine Pastor sieht den anderen fragend an und sagt: "Findest du, wir sollten doch lieber ein Schild aufstellen, auf dem steht: 'Ende der Brücke'?"

№ 172
Ein Krankenpfleger erzählt: "Während ich einen Patienten zur Operation vorbereite, geht plötzlich die Tür auf, und unser Anästhesist steckte seinen Kopf ins Zimmer. "Hallo", rief er dem Mann grinsend zu, "diesmal bringe ich Sie zur Abwechslung zum Schlafen." Als der Patient meinen ratlosen Blick bemerkte, klärte er mich auf: "Ich bin sein Pfarrer!"

№ 173
Was ist ein Meinungsaustausch? Wenn man mit seiner Meinung zum Chef geht und mit der Meinung seines Chefs wieder heraus kommt.

№ 174
Ein Toter im Saloon. Fragt der Sheriff einen Augenzeugen: "Erschossen?" "Ja!" "Warum?" "Falschspieler!" "Karten?" "Nee, Klavier!"

№ 175
Fragt der Schriftsteller seinen Verleger im Gespräch: "Ich soll also mehr Feuer in meine Geschichten legen?" "Nein, umgekehrt," verbessert der Verleger, "die Geschichten ins Feuer!"

№ 176
Die Sekretärin des Bankiers Rosenthal berichtet ihrem Chef: "Ich habe vor, mich mit Ihrem Sohn zu verloben." Rosenthal erstaunt: "O das wusste ich noch gar nicht, warum haben Sie mich nicht vorher gefragt?" Darauf die Sekretärin: "Das habe ich mir auch überlegt, mich aber dann doch für den Jüngeren entschieden."

№ 177
Der Unterschied zwischen Chorälen und Lobpreisliedern: Ein älterer Landwirt kam eines Tages in die Stadt und besuchte dort zum ersten Mal den Gottesdienst einer großen Gemeinde. Als er nach Hause kommt, fragt ihn seine Frau, wie es war. "Na ja, es war gut. Sie machen einiges anders! Sie singen Lobpreislieder statt Choräle." "Lobpreislieder?" sagte seine Frau, "Was ist das?" "Oh, die sind in Ordnung. Sie sind wie Choräle, nur etwas anders." Sagt der Landwirt. "Gut, was ist der Unterschied?", fragt seine Frau. "Naja, es ist etwa so: - Wenn ich zu dir sagen würde: ‚Martha, die Kühe sind im Kornfeld', das wäre ein Choral. Wenn ich aber zu dir sagen würde: ‚Martha, Martha, Martha, Oh, Martha, Martha, Martha, die Kühe, die großen Kühe, die Kühe, Kühe, Kühe sind im Kornfeld, sind im Kornfeld, sind im Korn-

feld, das Kornfeld, Kornfeld, Kornfeld!!! Oh, Oh, Ooooooh. Ja, es ist wahr, die ganze Herde ist im großen Kornfeld, ja, es ist wahr, die ganze Herde ist im großen Kornfeld!!! Halleluja!' – das wäre ein Lobpreislied!"

№ 178
Im Rahmen seiner Ausbildung muss der Vikar einen Gottesdienst in einer ihm nicht vertrauten Kirche halten. Unbewusst suchte er etwas, um sich festzuhalten und fand einen Bolzen, der in die Kanzel hineinragte. Während des Gottesdienstes spielte er die meiste Zeit damit herum. Zu seiner grossen Erleichterung schien die kleine Gemeinde höchst aufmerksam. Nach dem Gottesdienst kam einer der Kirchengemeinderäte auf ihn zu und meinte, er habe sich gut gehalten, angesichts seiner Nervosität. "Woher wussten Sie, dass ich nervös war?", fragte er. "Nun" antwortete der Gemeinderat, "während der gesamten Predigt drehte sich das Kreuz an der Kanzel wie ein Propeller!"

№ 179
Ein sächsischer Pfarrer soll auf einer Berliner Behörde erscheinen. Der Beamte fragt ihn nach dem Beruf: "Ich bin Deolooche" (dt. Theologe). "Was sind Sie?" "Ich bin Deolooche". Der Beamte versteht ihn nach wie vor nicht und versucht es anders: "Wat machen Sie denn?" "Ja nu, bredschen" (dt. predigen / homophon zu Brötchen). "Ja, Mensch, sagn Se doch gleich, dass Se Bäcker sind!"

№ 180
Ein Rabbi ärgert sich darüber, dass viele der Gläubigen ohne Käppi in die Synagoge kommen. Also schreibt er an die Eingangstür: "Das Betreten der Synagoge ohne Kopfbedeckung ist ein dem Ehebruch vergleichbares Vergehen." Am nächsten Tag steht darunter: "Hab es probiert. Ist kein Vergleich!"

№ 181
Kommt ein hochrangiger Vertreter von Coca-Cola in den Vatikan. Er bietet 100.000 Dollar, wenn das "Vaterunser" geändert

wird. Es soll in Zukunft heißen: "Unser täglich Coke gib uns heute!" Der Sekretär lehnt kategorisch ab. Auch bei 200.000 und 500.000 Dollar hat der Vertreter keinen Erfolg. Er telefoniert mit seiner Firma und bietet schließlich 10 Millionen Dollar. Der Sekretär zögert, greift dann zum Haustelefon und ruft den Papst an: "Chef, wie lange läuft der Vertrag mit der Bäckerinnung noch?"

№ 182

Papst Benedikt XVI. wird mit einer Limousine vom Flughafen abgeholt. Nachdem der Fahrer sämtliches Gepäck verstaut hat, merkt er, dass der Heilige Vater noch immer nicht im Auto sitzt und spricht ihn darauf an: "Eure Heiligkeit, würde es Ihnen etwas ausmachen, sich ins Auto zu setzten, damit wir losfahren können?"
Der Papst antwortet: "Um ehrlich zu sein, im Vatikan darf ich nie mit einem Auto fahren. Musste meinen alten Golf sogar in Ebay versteigern. Würden Sie mich nicht fahren lassen?"
Der Fahrer antwortet ihm, dass dies nicht möglich sei, da er sonst seinen Job verlieren würde.
Papst: "Ich würde Sie dafür auch fürstlich entlohnen".
"Na gut", denkt sich der Fahrer und steigt hinten ein.
Der Papst setzt sich hinters Lenkrad und braust mit quietschenden Reifen davon.
Als die Limousine mit 150 km/h durch die Stadt fährt, bereut der Fahrer seine Entscheidung und bittet: "Bitte, Eure Heiligkeit, fahren Sie doch etwas langsamer!"
Kurz darauf hört er hinter sich Sirenen heulen.
Der Papst hält an und ein Polizist nähert sich dem Wagen.
Der Chauffeur befürchtet, seinen Führerschein zu verlieren.
Der Polizist wirft einen kurzen Blick ins Auto, geht zurück zu seinem Motorrad, nimmt sein Funkgerät und verlangt seinen Chef zu sprechen. Ihm erzählt er, dass er gerade eine Limousine mit 150 km/h angehalten hat.
Der Chef: "Na, dann verhaften Sie ihn!"
Polizist: "Ich glaube nicht, dass wir das tun sollten. Die Person, die drin sitzt, ist ziemlich wichtig."
Sein Chef antwortet darauf, dass es ihm völlig egal sei, wie wich-

tig die Person ist. Wenn jemand mit 150 km/h durch die Stadt fahre, gehöre er auf der Stelle verhaftet.
"Nein, ich meine WIRKLICH wichtig", antwortet der Polizist.
Chef: "Wer sitzt denn in dem Auto? Der Bürgermeister?"
"Nein", antwortet der Polizist, "viel wichtiger!"
"Der Bundespräsident?", fragt der Chef.
"Nein, noch viel wichtiger."
Chef: "Da bin aber jetzt gespannt?!"
Polizist: "Ich glaube, es ist Gott!"
"Wie bitte, warum denn glauben Sie, dass es Gott ist?"
Darauf der Polizist: "Er hat den Papst als Chauffeur!"

№ 183
Die Hände zur rechten Zeit am rechten Fleck: Ein katholischer, ein evangelischer Pfarrer und ein Rabbi sind auf Wanderschaft um die Ökumene zu stärken. Es war ein heißer Tag und sie waren schon ein wenig erschöpft, als sie einen See erblickten. Schnell war man sich einig, ein Bad im Adamskostüm zu nehmen. Auf einmal werden sie von einer Frauen-Wandergruppe überrascht. "Es könnten Gemeindeglieder dabei sein" schießt es ihnen durch den Kopf. Sie hechten aus dem Wasser und laufen zum nächsten Gebüsch. Der katholische und der evangelische Pfarrer bedecken dabei ihre Blöße, der Rabbi hingegen verdeckt sein Gesicht und rennt den beiden hinterher. Diese fragen den Rabbi, weshalb er denn sein Gesicht verdeckt habe. Er meint: "Tja, ich weiß nicht wie das bei Euch ist, meine Gemeinde jedenfalls erkennt mich am Gesicht ..."

№ 184
Als ein Flugzeug der EL AL auf dem Flughafen Ben Gurion landet, ertönt die Stimme des Piloten: "Meine Damen und Herren, bitte bleiben Sie so lange angeschnallt sitzen bis das Flugzeug seine endgültige Parkposition erreicht hat und die Anschnallzeichen erloschen sind. Wir möchten Sie außerdem daran erinnern, dass der Gebrauch von Mobiltelefonen an Bord des Flugzeugs nicht gestattet ist." Kurz danach ertönt die Stimme des Piloten erneut: "Allen, die noch angeschnallt auf ihren Plätzen sitzen,

wünschen wir frohe Ostern und hoffen, dass Sie Ihren Aufenthalt im Heiligen Land genießen können. Und allen anderen, die bereits auf den Gängen stehen und mit ihren Mobiltelefonen telefonieren, wünschen wir ein frohes Pessachfest und willkommen zu Hause."

№ 185
Zwei Jungen treffen sich im Krankenhaus. Fragt einer den anderen: "Warum bist du hier?" "Weil ich die Mandeln raus bekomme", antwortet er. "Das ist harmlos. Die geben dir Eis, wenn's fertig ist, das ist wirklich nicht schlimm." Darauf der andere Junge: "Und warum bist du hier?" "Ich werde beschnitten." Oh, das ist aber schlimm," sagt der andere, "ich wurde beschnitten, als ich geboren wurde und konnte danach ein Jahr lang nicht laufen."

№ 186
Drei Juden wetteifern darum, wer von ihnen am besten lügen kann. Der erste sagt: "Der Messias wird kommen." Der zweite entgegnet: "Die Toten werden auferstehen." Kopfschüttelnd warnt der dritte: "Vorsichtig, Gott hört euch!" Darauf die beiden: "Gut, du hast gewonnen!"

№ 187
Ein Jude geht betend am Strand in Kalifornien spazieren, als sich plötzlich die Wolken über seinem Kopf zusammenziehen und die Stimme des Allmächtigen ertönt: "Ich gewähre dir einen Wunsch, weil du in verschiedensten Situationen dich bemüht hast, mir treu zu sein." Der Mann antwortet: "Dann baue mir eine Brücke von hier nach Hawaii, damit ich jederzeit rüberfahren kann." Gott antwortet: "Dein Wunsch ist zu materialistisch, denk doch an die Komplexität und den enormen Aufwand, das würde mich echt an die Grenze des Möglichen führen. Nimm dir ein bisschen Zeit und überlege dir etwas, das dich ehren und würdigen wird." Der Mann denkt eine ganze Weile nach. Schließlich sagt er: "Ich wünsche mir, meine Frau verstehen zu können. Ich möchte wissen, was sie in ihrem Innersten fühlt, was sie denkt, wenn sie schweigt oder weint, was sie wirklich meint, wenn sie sagt 'Es ist

alles okay' und wie ich meine Frau aufrichtig glücklich machen kann." Darauf antwortet Gott: "Möchtest du die Brücke zwei- oder vierspurig?"

№ 188
Wie es in der Kleinstadt Brauch war, wurde der neue Student der Jeschiwa jeden Freitag vom reichsten Kaufmann zum Essen eingeladen. Der Student war groß und gut aussehend, und der Kaufmann hatte eine hübsche Tochter. Die Freitagabende vergingen, und die verstohlenen Blicke wurden immer leidenschaftlicher. Als die Liebe zwischen den beiden unübersehbar war, bat der Vater den jungen Studenten auf einen Digestif (Verdauungsschnaps) und eine ernste Unterhaltung in sein Arbeitszimmer. Der Vater fragte: "Mein Junge, was sind deine Absichten meiner Tochter gegenüber?" Der Student antwortete: "Mein Herr, ich liebe Ihre Tochter und ich möchte sie heiraten!" Der Vater: "Und wie hast du vor, ihr den Standard zu bieten, den sie gewohnt ist?" Der Student antwortete: "Ich werde sehr hart arbeiten und der Herr wird helfen." Daraufhin der Vater: "Und was wirst du tun, wenn ihr Kinder bekommt?" Der Student antwortete: "Dann werde ich noch härter studieren, und der Herr wird sicherlich helfen." Nach dem Gespräch kam die Mutter sofort auf den Vater zu: "Nun, wie ist es gelaufen?" Der Vater antwortete: "Es gibt gute und schlechte Nachrichten." "Sag schon", flehte die Mutter ihn an. "Also, die schlechte Nachricht ist, dass er keinen Cent besitzt", sagte der Vater. "Und was ist dann die gute Nachricht?" wollte die Mutter wissen. "Die gute Nachricht ist, dass er glaubt, ich sei der Allmächtige".

№ 189
Drei jüdische Mütter sitzen in einem Straßencafé und unterhalten sich darüber, wie sehr ihre Söhne sie lieben. Sadie sagt: "Kennt ihr das Chagall-Gemälde in meinem Wohnzimmer? Mein Sohn Arnold hat es mir zu meinem 75. Geburtstag geschenkt. Was ist er doch für ein guter Sohn, und wie sehr er seine Mutter liebt!" Minnie sagt: "Das nennst du Liebe? Ihr kennt den Mercedes, den ich kürzlich zum Muttertag bekommen habe? Der ist von mei-

nem Sohn Bernie. Er ist einfach ein Schatz!" Shirley sagt: "Das ist doch nichts! Kennt ihr meinen Sohn Stanley? Er geht zum besten Psychologen der Stadt. Fünf Mal die Woche. Und worüber, glaubt ihr, redet er? Nur über mich!"

№ 190
So viel zur Emanzipation der Frau: Die erste weibliche Präsidentin wurde gewählt. Sie ruft ihre Mutter an: "Mama, ich habe die Wahlen gewonnen! Du musst unbedingt zur Vereidigung kommen!" "Ich weiß nicht, was ich da anziehen soll?" "Mach dir keine Gedanken, ich werde dir einen Modedesigner vorbeischikken." "Na gut, - aber ich esse nur koscheres Essen." "Mama, ich werde Präsidentin, ich organisiere dir koscheres Essen." "Aber wie komme ich überhaupt dahin?" "Ich schicke dir eine Limousine mit Fahrer, komm einfach, Mama!" "Okay, okay, wenn es dich glücklich macht." Der große Tag ist gekommen, und die Mutter sitzt neben dem obersten Richter und den zukünftigen Regierungsmitgliedern. Sie stupst den Herrn rechts neben sich und sagt: "Sehen Sie das Mädchen mit der Hand auf der Bibel?" - "Ihr Bruder ist Arzt!"

№ 191
Moische war seit vielen Jahren verheiratet, als sein Leben sich dem Ende zuneigte. Sie hatten vier Töchter - drei hübsche Mädchen, über die jeder nur stolz sein kann, und eine vierte, die ziemlich hässlich war. Es dauerte ewig, bis Moische einen Ehemann für sie gefunden hatte. Als stolzer Vater fragte er sich schon immer, wie es sein konnte, dass, nachdem Fanny und er drei wunderschöne Töchter fabriziert hatten, als viertes solch ein hässliches Entlein herauskam? Auf dem Sterbebett liegend entschloss er sich schließlich, Fanny daraufhin anzusprechen. Fast zu schwach zum Sprechen und nach Luft ringend hielt er Fannys Hand und fragte: "Fanny, Fanny, sag mir, ist die vierte wirklich meine Tochter?" Fanny lächelte: "Moische, ich schwöre dir, sie ist deine Tochter." Moische war erleichtert und starb daraufhin beruhigt. Fanny drehte sich weg, starrte aus dem Fenster und

flüsterte: "Gut, dass er nicht nach den anderen drei Mädchen gefragt hat."

№ 192
Sarah: "Was würdest du tun, wenn ich sterben würde? Würdest du wieder heiraten?" Shlomo: "Auf gar keinen Fall!" Sarah: "Warum denn nicht? - Bist du nicht gerne verheiratet?" "Natürlich bin ich das." "Also warum willst du dann nicht wieder heiraten?" Shlomo: "Okay, ich werde wieder heiraten." Sarah, mit schmerzlichem Gesichtsausdruck: "Das würdest du? Würdest du auch in unserem Haus weiter wohnen?" "Natürlich, es ist doch ein tolles Haus." "Würdest du mit ihr in unserem Bett schlafen?" "Wo sollten wir sonst schlafen?" "Würdest du sie mein Auto fahren lassen?" Shlomo: "Ich denke schon, es ist noch wie neu." Sarah: "Würdest du meine Fotos mit ihren austauschen?" Shlomo: "Da scheint mir angemessen zu sein." Sarah: "Würde sie auch meine Golfschläger benutzen?" Shlomo: "Nein das nicht, sie ist Linkshänderin."

№ 193
Ein Tourist fährt in Israel mit dem Taxi. Er war entsetzt, als der Taxifahrer eine rote Ampel überfuhr ohne im geringsten das Tempo zu verlangsamen. Doch er wagte nichts zu sagen. Als der Taxifahrer dann bei einer grünen Ampel mit quietschenden Reifen anhielt, konnte der Tourist nicht mehr an sich halten: "Jetzt hören Sie mal, als Sie über die rote Ampel gefahren sind, habe ich mich zurückgehalten. Aber warum in aller Welt halten Sie an einer grünen Ampel an?" Der israelische Taxifahrer kuckte den Ausländer entsetzt an und schrie: "Sind Sie übergeschnappt? Der andere Fahrer hat rot! Möchten Sie, dass er uns umbringt?"

№ 194
Zwei Bettler sitzen nebeneinander vor dem Kölner Dom. Der eine trägt ein Kreuz, der andere einen Davidstern. Viele Leute gehen an ihnen vorbei, einige bleiben stehen, aber nur dem Bettler mit dem Kreuz geben sie Geld. Ein Priester beobachtet die beiden eine zeitlang. Er spricht den Bettler mit dem Davidstern

an: "Mein armer Bruder, verstehst du denn nicht? Du sitzt vor dem Kölner Dom. Die Leute werden dir kein Geld geben, wenn du hier mit einem Davidstern sitzt, schon gar nicht neben einem Bettler, der ein Kreuz trägt. Der bekommt umso mehr" Als der Priester wieder weg ist, sagt er schmunzelnd zu seinem Nachbarn mit dem Kreuz: "Moische, da glaubt doch einer, den Goldstein-Brüdern etwas über Marketing beibringen zu können."

№ 195
Ein orthodoxer Jude geht in eine Bank in New York und fragt nach einem Kredit über 5000 $ für eine zweiwöchige Europareise. Der Banker sagt ihm, dass die Bank eine Sicherheit für diese Summe benötige. Der Jude gibt ihm den Schlüssel seines Rolls Royce. Der Banker willigt ein, das Auto als Pfand für den Kredit einzubehalten. Die Limousine wird in der firmeneigenen Tiefgarage eingestellt. Zwei Wochen später kommt der Mann zurück, tilgt den Kredit und zahlt die Zinsen in Höhe von 15,41 $. Da wendet sich der Bankdirektor an ihn: "Alles hat wunderbar geklappt. Gerne möchten wir mit Ihnen weiter ins Geschäft kommen. Dennoch sind wir etwas erstaunt. Während Sie weg waren haben wir herausgefunden, dass Sie Multimillionär sind. Gestatten Sie die Frage: Warum leihen Sie 5000 $? Worauf der Jude antwortet: "Wo sonst könnte ich mein Auto in New York zwei Wochen lang für nur 15 $ parken?"

№ 196
Während der großen Wirtschaftskrise spazieren zwei jüdische Männer die Straße entlang, als sie an einer Baptisten-Kirche vorbeikommen. Draußen lehnt ein großes Schild, auf dem steht: "Treten Sie in unsere Kirche ein und Sie bekommen 50 Dollar." Einer der beiden kommt ins Grübeln und starrt auf das Schild. Sein Freund guckt ihn an: "Murray, was machst du da?" "Abe", antwortet Murray, "ich überlege das zu tun." "Bist du verrückt geworden?" Murray überlegt für eine Minute und sagt dann: "Abe, ich werde es tun, die Kinder müssen essen und brauchen Kleider und Schuhe." Kaum ausgesprochen steuert er auch schon zielstrebig die Kirche an. Eine Stunde später kommt er mit strah-

lendem Gesichtsausdruck und nasser Stirn heraus. "Und?" fragte Abe, hast du die 50 Dollar bekommen?" Murray schaut ihn an und erwidert: "Ist das alles, woran ihr Leute denkt?"

№ 197
Drei Männer, ein Italiener, ein Franzose und ein Israeli, sind zum Tode verurteilt worden. Sie haben das Recht, sich vor der Hinrichtung noch eine Mahlzeit zu wünschen. "Gebt mir besten französischen Wein und ein Baguette", sagt der Franzose. Sie geben es ihm, er isst und trinkt und wird hingerichtet. Als Nächster ist der Italiener an der Reihe. "Bringt mir eine große Schüssel Pasta!" Sie bringen sie ihm, er genießt und wird hingerichtet. Nun ist der Israeli an der Reihe. "Ich möchte eine große Schüssel Erdbeeren", sagt er. "Erdbeeren? Aber es ist doch noch lange keine Erdbeersaison!" "Nun, dann warte ich."

№ 198
Fünf jüdische Männer spielten Poker, als Meyerowitz auf einen Schlag 500 Euro verlor, aufstand, sich die Brust hielt und tot umfiel. Um dem verstorbenen Freund Respekt zu erweisen, beendeten die anderen vier das Spiel stehend. Danach schaute sich Samuel um und fragte: "So, und wer sagt das nun seiner Frau?" Sie einigten sich darauf, Streichhölzer zu ziehen. Jakob, der auch sonst immer verlor, zog das kürzeste. Seine Freunde baten ihn, diskret und behutsam zu sein und die Situation nicht noch schlimmer zu machen. Jakob ging zum Haus von Meyerowitz und klopfte an der Tür. Die Frau fragte ihn, was er wolle. "Ihr Mann hat gerade 500 Euro im Spiel verloren und traut sich nicht, nach Hause zu kommen." Die Frau brüllte ihn an: "Sag ihm, er soll tot umfallen!" "Geht klar", sagte Jakob, "ich werde es ihm ausrichten".

№ 199
Präsident Biden bittet den Chef der CIA zu sich und fragt ihn: "Wie kommt es, dass die Juden immer alles wissen, bevor wir es erfahren?" Der CIA-Chef antwortet: "Die Juden haben da eine Redensart: Wus titsich?" Der Präsident seufzt: "Meine Güte, was

soll das denn heißen?" "Nun, Herr Präsident", antwortet der CIA-Chef, "es ist eine jiddische Redewendung, die grob übersetzt bedeutet: Was gibt's Neues? Sie fragen sich gegenseitig alles und wissen Bescheid." Der Präsident beschließt, selbst einen Test zu machen, um heraus zu finden, ob das stimmt. Er verkleidet sich als orthodoxer Jude - schwarzer Hut, langer schwarzer Mantel - und wird unter Geheimhaltung nach New York geflogen, mit einem getarnten Auto im jüdischen Teil Brooklyns rausgelassen. Schon bald kam ein alter kleiner Mann vorbei. Der Präsident hält ihn an und flüstert: "Wus titsich?" Der alte Mann flüstert zurück: "Biden ist in Brooklyn."

№ 200
Ein Jude wird wegen Ehrenbeleidigung verklagt. Er habe jemandem "Chuzpe" vorgeworfen. Der Richter jedoch kennt das Wort gar nicht und bittet den Juden, es zu erklären. Der Jude erklärt den Begriff zunächst für unübersetzbar. Endlich erklärt er sich bereit, Chuzpe mit "Frechheit" zu übersetzen. "Allerdings" fügt er hinzu, "ist es keine gewöhnliche Frechheit, sondern Frechheit mit Gewure." Der Richter: "Was ist Gewure?" "Gewure – das ist Kraft." "Chuzpe ist also eine kräftige Frechheit?" "Ja und nein. Gewure ist nicht einfach Kraft, sondern Kraft mit Ssechel." "Und was ist Ssechel?" "Ssechel – das ist Verstand." "Also ist Chuzpe eine kräftige, verstandesvolle Frechheit." "Ja und nein. Ssechel ist nicht einfach Verstand, sondern Verstand mit Taam." "Schön – und was ist Taam?" "Herr Richter, wenn Sie gar kein Deutsch können, kann ich Ihnen nicht erklären, was Chuzpe ist."

№ 201
Drei Männer sitzen am Strand von Florida und erzählen, wie es sie in diese reizvolle Region verschlagen hat. Moische sagt: "Ich hatte ein Holzgeschäft mit riesigem Inventar. Dann brach eines Nachts ein Feuer in meinem Lager aus. Außer Asche ist mir nichts geblieben. Also habe ich meinen Versicherungsbetrag kassiert, und nun bin ich hier." Bernie erzählt: "Wirklich? Mir ist das Gleiche passiert. Ich hatte ein Papierwarengeschäft. Eines Nachts ist die Sprinkleranlage aus Versehen angesprungen und hat mein

ganzes Inventar durchweicht. Tja, und nun bin ich hier mit der Versicherungssumme." Die beiden gucken zum dritten Mann hinüber. "Und du, warum bist du hier?" "Mein Name ist Joel. Ich war Schneidermeister und habe die schönsten Hemden von Hawaii geschneidert. Ohne Vorwarnung kam ein Hurrikan und hat mein ganzes Inventar ins Meer gefegt. So wie ihr habe ich meine Versicherungssumme kassiert und sitze nun hier." Die beiden anderen Männer gucken sich mit gerunzelter Stirn an, dann sagt Bernie: "Wie macht man einen Hurrikan?"

№ 202
Schmuel geht zu seinem Rabbiner: "Rabbi, ich muss dir etwas Furchtbares sagen." "Was ist passiert?", fragt der Rabbiner. "Meine Frau will mich vergiften", antwortet er. Der Rabbiner erwidert erstaunt: "Wie kommst du darauf?" Schmuel sagt verzweifelt: "Wirklich! Ich bin mir ganz sicher, dass sie mich vergiften will. Was soll ich nur tun?" Der Rabbiner bietet ihm seine Hilfe an: "Lass mich mit ihr reden. Mal schauen, was ich aus ihr herausbekomme, dann sehen wir weiter." Eine Woche später ruft der Rabbiner Schmuel an und sagt: "Also, ich habe mit deiner Frau gesprochen - drei Stunden am Telefon. Möchtest du meinen Rat?" Schmuel antwortet erwartungsvoll: "Ja, bitte!" "Nimm das Gift" empfiehlt der Rabbiner.

№ 203
Eine deutsche Journalistin in Jerusalem hörte von einem alten Rabbiner, der seit vielen, vielen Jahren jeden Tag zweimal an der Klagemauer betete. Das weckt ihr Interesse, und sie will einen Bericht über ihn schreiben. Tatsächlich findet sie ihn an der Klagemauer. Sie beobachtet den alten, bärtigen Mann beim Beten, und nach 45 Minuten, als er gerade gehen will, spricht sie ihn an und bittet um ein Interview. "Wie lange kommen Sie schon zum Beten an die Klagemauer?"- "Seit 50 Jahren", antwortet der Rabbiner. "50 Jahre? Das ist erstaunlich! Wofür beten Sie?" "Ich bete für den Frieden zwischen Juden und Arabern, dafür, dass all der Hass ein Ende hat, und ich bete für unsere Kinder, damit sie in Sicherheit und Freundschaft aufwachsen können." - "Und wie

fühlen Sie sich, Herr Rabbiner, nachdem Sie das seit 50 Jahren tun?", fragt die Reporterin. "Als würde ich gegen eine Wand reden", antwortet der Rabbiner.

№ 204
In einer Berliner Behörde wird ein sächsischer Pfarrer nach seinem Beruf gefragt. Er antwortet: "Theolooche" - Wie bitte? - "Theoloooche" - "Also ik versteh Sie nich, fragen wr mal anders, wat machen Se denn?" - "Preedschen" - "Ja, Mensch, sagn Se doch gleich, dass Se Bäcker sind!"

№ 205
Ein Pfarrer auf der Alb beklagt sich bei einer Bauersfrau, wie schwer er es habe. Sie beruhigt ihren Seelsorger: "Aber Herr Pfarrer, es wird scho älles recht werda, wenn nur der Herrgott g'sond bleibt!"

№ 206
Selbstüberschätzung und Ernüchterung liegen oft dicht beieinander. So lobte die Pfarrfrau nach dem Gottesdienst ihren Mann über den grünen Klee: "Schatz, du hast wieder gewaltig gepredigt. Ich habe genau gesehen, wie auf der Empore ein Mann in Tränen ausgebrochen ist." "Ja", gab ihr Mann zurück, "ich habe es auch gesehen. Es war mein alter Theologieprofessor."

№ 207
Kommt ein Schornsteinfeger in die Kneipe und trinkt einen Schnaps, sagt der Wirt: "Der geht aufs Haus!"

№ 208
Der pastorale Super-GAU: Ein Pfarrer verschläft und kommt nicht zum Gottesdienst. Sein Mesner weckt den säumigen Prediger per Telefon mit folgendem Bibelwort: "Bist du es, der da kommen soll, oder sollen wir auf einen anderen warten?" (Matthäus 11,3).

№ 209
Napoleon sagte 1801 zum Kurienkardinal Consalvi: "Ihnen, Eure Eminenz, ist doch wohl klar, dass ich imstande bin, die Kirche zu vernichten." Gelassen gab der so Bedrohte zurück: "Majestät, nicht einmal wir Kirchenleute haben das ich 18 Jahrhunderten fertig gebracht."

№ 210
Was war Jesus von Beruf? Student! Er wohnte mit 30 Jahren noch bei der Mutter, hatte lange Haare und wenn er etwas tat, dann war es ein Wunder.

№ 211
Eine ältere Dame betritt mit einer Plastiktüte die Deutsche Bank in Frankfurt. Darin befinden sich zwei Millionen Euro, die möchte sie anlegen, sagte sie dem Mann am Schalter. Allerdings erwarte sie bei einer solchen Summe, vom Chef persönlich bedient zu werden. Ein hektisches Telefonieren beginnt, doch für besondere Kunden wird Besonderes möglich gemacht. Die Frau wird zur Chefetage hochgefahren und tatsächlich vom Vorstandsvorsitzenden empfangen. Nach Abwicklung der geschäftlichen Dinge macht die Frau einen außergewöhnlichen Vorschlag, sie bietet Ackermann eine Wette an: sie wettet um 20.000 Euro, dass er viereckige Eier habe. Nachdem Ackermann erst einmal tief schlucken musste, kehrt nüchterner Sachverstand zurück: so leicht hat auch er noch nie 20.000 Euro verdient. Er willigt also ein. Die Frau kündigt an, morgen mit einem Sachverständigen wieder zu kommen. Gesagt, getan taucht die Dame samt Begleiter auf. Ackermann will eine diskrete Atmosphäre herstellen, lässt die Jalousien herunter - und anschließend die Hosen. Die Frau tastet sich vor und kommt zum Ergebnis: "Herr Ackermann, ihre Eier sind rund, Sie haben gewonnen, ich gratuliere!" Unterdessen sieht Ackermann den Sachverständigen mit dem Kopf gegen die Wand rennen und fragt erstaunt: "Was hat er denn?" "Nun ja", antwortet die Frau, "er hat eben eine Wette verloren, vorgestern habe ich mit ihm um 100.000 Euro gewettet, dass ich Ihnen an die Eier fasse!"

№ 212
Schwäbischer Umgang mit wenig genüsslichem Essen: Dr Honger treibt's nei - dr Ekel schluckt's nonter - dr Geiz bhält's drin.

№ 213
Wie ein Hohenloher zu seiner Frau kam: "Kaner hat se gwellt, i hob se glei ghoht."

№ 214
In einer Synagoge ist man sich uneins, ob nun das *Schma* stehend oder sitzend rezitiert werden soll. Die Verantwortlichen geraten regelmäßig am Shabbat in Streit über diese Frage. Die Gemeinde ist gespalten in zwei Fraktionen: die einen wollen sitzen, die anderen stehen. Das geht nun schon seit Jahren so. Es müsse doch endlich einmal eine Lösung gefunden werden und wieder der Friede in die Gemeinde einkehren. Da es für beide Möglichkeiten Vertreter in der Gemeinde gibt, fragt man, ob nicht eine alte Tradition helfen könne? Wie ist es früher gehandhabt worden? Einer erinnert sich, dass ein Rabbi vor Jahrzehnten die Synagoge gegründet habe, der noch leben müsse. Ihn könnte man befragen. Eine Delegation macht sich auf und besucht den betagten Rabbiner. "Wie ist es, soll man beim Aufsagen des Scham stehen?" "Nein, dann können wir ja gleich zum Christentum übertreten", meint der Rabbi. Also sitzen? "Auch das nicht, wir wollen doch keine Muslime werden." "Aber was dann, wir streiten jeden Shabbat, wie wir das *Schma* sagen sollen." "Da horcht der Rabbi auf und meint: Ja, genau das war unsere Tradition!"

№ 215
Juden gelten in der Regel als sehr intelligent. Und das ist auch wahr bis auf eine Ausnahme: die Juden aus der polnischen Stadt Chelm. Der Rabbi dort galt nichtsdestotrotz als sehr weise. Er konnte Rätsel stellen, die niemand lösen konnte; umgekehrt konnte er jedes an ihn gestellte Rätsel lösen. Er hatte davon gehört, dass in New York die weltweit größte jüdische Gemeinde war mit den berühmtesten Toraschulen. In seiner Gemeinde äu-

ßerte der Rabbi den dringenden Wunsch, einmal im Leben nach New York zu dürfen, um die größten Lehrer des Judentums hören zu können. Nicht zuletzt hat sein hohes Ansehen bei den Chelmern dazu beigetragen, dass man Geld sammelte, um ihm die Reise zu ermöglichen. Er würde ja auch mit interessanten Geschichten zurückkehren. In New York angekommen setzt er sich in ein Taxi, um sich nach Brooklyn chauffieren zu lassen. Als die Fahrt länger dauerte, spricht ihn der Taxifahrer an und fragte den Rabbiner, ob er ihm ein Rätsel stellen dürfe? Nichts lieber als das, ist doch Rätsellösen seine Spezialität. Er würde den Taxifahrer verblüffen. "Also das Rätsel geht so", sagt der Fahrer: "Wer ist das, es ist ein Kind meiner Eltern, aber weder meine Schwester noch mein Bruder?" Der Rabbi denkt nach, spontan kommt er nicht drauf. Er denkt und denkt, die Zeit vergeht. Schließlich nähern sie sich dem Ziel, er muss zugeben - gut dass seine Gemeinde nicht im Taxi sitzt - dass er das Rätsel nicht lösen kann und gibt auf. Der Taxifahrer triumphierend: "Na, ganz einfach, das bin ich!" Der Rabbi gesteht ihm zu, dass es sich um ein ganz wunderbares Rätsel handelt. Wieder zuhause in Chelm kommen auffallend viele Juden in die Synagoge, um seinen Bericht zu hören. da erzählt er auch von diesem großartigen Rätsel und stellt die Frage der Gemeinde: "Wer ist das, es ist ein Kind meiner Eltern, aber weder meine Schwester noch mein Bruder?" Die Gemeinde denkt nach, die Klügsten stecken die Köpfe zusammen, nach längerer Zeit immer noch kein Ergebnis. Da unterbricht der Rabbi: "Na, ganz einfach, das ist ein Taxifahrer in New York!"

№ 216
Ein Chelmer Rabbi möchte sich eine Bibliothek bauen und ist dabei, die Regale mit Schrauben an der Wand zu befestigen. Er steht vor einer Wand, zieht eine Schraube aus der Packung, doch die Spitze der Schraube zeigt zu ihm und nicht zur Wand, in die er sie doch einschrauben möchte. Er holt seine Frau zuhilfe und fragt, wie er die Schraube mit dem Kopf zuerst einschrauben könne? Da sagt die Frau voller Mitleid: "O Moschele, diese Schraube geht nicht in die Wand vor dir, das ist eine Schraube für die gegenüberliegende Wand!"

№ 217
Kohn hat sich einen neuen Maserati gekauft: elfenbeinweiß, rote Polsterung, 280 km/h. Sara bittet ihn inständig, den Rebbe die Broche (jiddisches Wort für Bracha - Segen) über den Wagen sprechen zu lassen. Kohn geht zu einem orthodoxen Rabbiner:
"Rebbe, ich hab mir gekauft einen tollen Maserati. Ich bitte dich, sprich über ihn eine Broche!"
"Maserati: was ist das?"
"Ein modernes Auto mit acht Zylindern."
"Bist du meschugge? Wozu braucht ein Auto acht Kopfbedeckungen? Mit so neumodischen Zeugs will ich nichts zu tun haben!"
Kohn berichtet Sara von seinem Mißerfolg. Die schickt ihn zu einem jungen, "aufgeklärten" Reformrabbiner.
"Herr Rabbiner, ich hab' gekauft einen Maserati ..."
"Was Sie nicht sagen! Am Ende den neuen Quattroporte in elfenbeinweiß mit roten Polstern, 400PS? Ja? Darf ich einmal mitfahren?"
"Gewiß, Herr Rabbiner, aber vorher sollen Sie sprechen über den Wagen eine Broche."
"Selbstverständlich gerne, - aber Broche - was ist das?"

№ 218
"Wann wirst du mir endlich Deine Schulden bezahlen?" -
"Wie soll ich das wissen? Bin ich ein Prophet?"

№ 219
Ein katholischer und ein evangelischer Geistlicher sind zusammen mit einem Rabbiner beim Papst zur Audienz zugelassen.
Der Papst spricht zum Katholiken: "Sie, als Angehöriger unserer Kirche, dürfen mir die Hand küssen."
Dann wendet sich der Papst an den evangelischen Pfarrer: "Trotz allem sind Sie schließlich so etwas wie Christ. Ich erlaube Ihnen, meinen Fuß zu küssen."
Hierauf wendet sich der Papst zum Rabbiner. Bevor der Papst aber noch etwas sagen kann, dreht sich dieser um und sagt: "Ich kann es mir schon denken. Ich gehe!"

№ 220
Einstein sagte: "Werde ich mit meiner Relativitäts-Theorie recht behalten, dann werden die Deutschen sagen, ich sei Deutscher, und die Franzosen, ich sei Weltbürger. Werde ich unrecht behalten, dann werden die Franzosen behaupten, ich sei Deutscher, und die Deutschen, ich sei Jude."

№ 221
Schild in einem israelischen Bus: "Es ist strengstens untersagt, während der Fahrt mit dem Fahrer zu sprechen. Er braucht seine Hände zum Steuern!"

№ 222
Eine jüdische Delegation kommt in den Vatikan und bittet den Papst um eine Audienz.
Die Schweizer Garde fragt, ob es nicht auch möglich wäre, das schriftlich zu erledigen. Dies wird strikt verneint und erklärt, dass es sich um eine ganz dringliche Angelegenheit handele.
Nach längeren Verhandlungen werden sie beim Papst vorgelassen und er fragt sie, was ihr Anliegen sei.
Darauf sagt der Sprecher der Juden: "Entschuldigen Sie bitte, Eure Heiligkeit. Kennen Sie nicht den Jesus Christus und seine Jünger?"
"Aber ja doch", erwidert der Papst.
"Da wäre noch eine unbezahlte Rechnung für ein Abendessen."

№ 223
Ein religiöser Mensch wollte wissen, ob Sex am Shabat Sünde ist, denn er ist sich nicht sicher, ob das Arbeit oder Vergnügen ist.
Also fragt er einen Priester nach seiner Meinung zu dieser Frage.
Der Priester schaut lange im Kanonischen Recht nach und kommt zum Ergebnis, dass Sex Arbeit und somit am wöchentlichen Ruhetag nicht erlaubt ist.
Der Mann denkt sich: "Was weiss ein Priester schon vom Sex?" und geht zu einem protestantischen Pfarrer, ein verheirateter Mann und erfahren in solchen Dingen, denkt er. Doch von ihm erhält er die gleiche Antwort: Sex ist Arbeit und darum am

Shabat bzw. Sonntag nicht gestattet.
Immer noch nicht zufrieden sucht der gute Mann die ultimative Autorität: Ein Schriftgelehrter von alter Tradition und profundem Wissen, ein Rabbi, kann sicher mehr sagen. Der Rabbi überlegt und sagt dann: "Mein Sohn, Sex ist eindeutig Vergnügen."
Da fragt der Mann nach: "Rebbe, wie könnt Ihr dessen so sicher sein, wenn mir die anderen erklären, dass Sex Arbeit sei?"
Da beugt sich der Rabbi zu ihm hinüber und sagt leise: "Wenn Sex Arbeit wäre ... würde meine Frau es das Hausmädchen machen lassen."

№ 224
Ein schwäbisches Ehepaar wandert durch die Alpen und fällt in eine Gletscherspalte.
Am nächsten Tag hören sie eine Stimme von oben rufen:
"Hallo, hier ist das Rote Kreuz!"
Darauf ruft der Schwabe zurück: "Mir gäbet nix!"

№ 225
Fragt der Pfarrer seine Frau: "Liebling, was schätzt Du? Wieviele herausragende Prediger gibt es in Deutschland?" "Das kann ich Dir nicht genau sagen, aber auf jeden Fall einen weniger als Du denkst!"

№ 226
Im Konzert flüsterte ein Besucher seinem Nachbarn zu: "Hier ist die Akustik aber schlecht." Da antwortet der Nebenmann: "Jetzt, wo Sie's sagen, rieche ich es auch!"

№ 227
Der Lehrer will den Schülern erklären, wie häufig auf der Erde Menschen sterben: "Stellt euch vor, bei jedem Atemzug von mir stirbt ein Mensch." Da entgegnet ein Schüler: "Haben Sie es schon mal mit Mundspray versucht?"

№ 228
Eine betagte Frau setzt sich gerne ihren Papagei auf die Schulter und lässt junge Männer raten, um welches Tier es sich dabei handele. Rät der Kandidat richtig, kommt er in den "Genuss" eines romantischen Abenteuers mit ihr. So auch diesmal. Der Betreffende rät und sagt im Brustton der Überzeugung: "Das ist ein Krokodil". Sie sagt: "Das ist zwar nicht ganz richtig, aber ich lasse es noch einmal durchgehen!"

№ 229
Die Hausangestellte Marie bittet um eine Lohnerhöhung. Ihre Chefin ist darüber verärgert und zitiert sie zu sich. "Marie, nennen Sie mir nur einen Grund." "Ich habe nicht nur einen Grund, sondern drei." "Gut, dann nennen Sie mir den ersten." "Ich kann besser bügeln als Sie." "Wer hat das gesagt?" "Ihr Mann." "Und der zweite Grund?" "Ich koche besser als Sie." - "Schön, das hat auch mein Mann gesagt." - "Ja, das hat er." "Und der dritte Grund?" "Ich bin besser im Bett als Sie." Da explodiert die Hausherrin und kreischt: "Sagen Sie nicht, das hat auch mein Mann gesagt!" - "Nein, gnädige Frau. Das sagt Ihr Gärtner." "Okay, Marie, wieviel mehr wollen Sie?"[2]

№ 230
Das flippige junge Mädchen fragte die Verkäuferin im Klamottenladen: "Kann ich die Sachen wieder umtauschen, falls sie meinen Eltern gefallen?"

№ 231
Der Kunde an der Theke der Metzgerei: "Ich hätte gerne ein Stück Leberwurst von der groben Fetten." Darauf die Antwort der Verkäuferin: "Tut mir leid, die ist heute in der Berufsschule!"

№ 232
Provozierend fragt ein Mann den Bischof: "Was würden Sie tun, wenn ich Sie auf die rechte Wange schlage?" Der Bischof ant-

---

[2] Aus: Reader's Digest, 9/2012, S.14

wortete lächelnd: "Mein Freund, ich weiß, was ich tun sollte, und ich weiß noch besser, was ich tun würde."

№ 233
Das Verhältnis zwischen Badenern und Württembergern im neu gegründeten Baden-Württemberg wurde einmal folgendermaßen umschrieben: Da kommt ein badisches Ehepaar in eine Stuttgarter Gastwirtschaft. Als ihre Sitznachbarn den Dialekt hören, gehen sie auf Abstand. Auch als die Badener ganz freundlich Kontakt aufnehmen wollen, stoßen sie auf zugeknöpfte Schwaben. Da kommt einer von Roten Kreuz ins Lokal um Spenden zu sammeln. Bereitwillig öffnen die Badener ihren Geldbeutel und geben etwas. Als der Sammler die Büchse in Richtung der Schaben streckt, behaupten sie, auf die Badener deutend: "Mir g'heret zsamme".

№ 234
Wie lautet die email-Adresse des Papstes: urbi@orbi.va

№ 235
Eine schon hoch betagte Dame besteigt in New York das Flugzeug von EL AL, um nach Tel Aviv zu fliegen. Sie hat eine Box mit ihrem Hund, einem Cocker-Spaniel, dabei. Das gute Tier soll möglichst in den Passagierraum, doch das ist nicht gestattet, Tiere müssten in den Gepäckraum. Die Dame insistiert darauf, dass der Hund in ihrer Nähe bleibe, er sei auch ganz ruhig und würde nicht stören. Ein längeres Hin und Her entspinnt sich, doch die Dame muss einlenken und den Hund abgeben. Nach der Landung auf dem Ben Gurion Flughafen in Tel Aviv ist die Stewardess bemüht, den Hund schnellstmöglich zu seinem ungeduldig wartenden Frauchen zurück zu bringen. Mit Erschrecken muss sie feststellen, dass der Hund tot ist. Sie eilt zum Kapitän, was in dieser schwierigen Lage zu tun sei? Der meinte: wir zögern das Auschecken hinaus, machen Durchsagen über irgendwelche Schwierigkeiten und besorgen in dieser Zeit einen neuen Hund, der gleich aussieht. Gesagt, getan, der alten Dame wird die Box mit ausgetauschten Hund zurück gebracht. "Ooh, welch ein

Wunder des Heiligen Landes!" bemerkt sie völlig überrascht. "Wieso?" fragte die Stewardess. "Ich bin extra nach Israel geflogen, um meinen verstorbenen Hund in heiliger Erde zu bestatten, und nun ist er auferstanden."

№ 236
Zwei jüdische junge Männer sind von ihren Eltern verkuppelt worden. Nun saßen sie im Zug und waren unterwegs, um ihre zukünftigen Bräute und die Schwiegermütter kennenzulernen. Der eine von den beiden bekam es unterwegs je länger je mehr mit der Angst zu tun. Als er's nicht mehr aushielt, suchte er sein Heil in der Flucht und stieg an einer Station kurzerhand aus. Der Übriggebliebene kam an und wurde auf dem Bahnhof von zwei sehnsüchtig wartenden Müttern mit ihren Töchtern empfangen. Als diese bemerkten, dass nur ein zukünftiger Ehemann gekommen war, entspann sich eine aufgeregte Diskussion, die in einen heftigen Streit mündete, wer nun den potentiellen Schwiegersohn bekommen sollte. Am liebsten hätten sie ihn zweigeteilt. Um größeres Unheil zu vermeiden, entschieden sie sich doch, zum Rabbi zu gehen, der solle ein salomonisches Urteil fällen, gab es doch in der Bibel einen ähnlichen Fall. Wie Salomo befragte der Rabbi die beiden Mütter nach ihrer Einstellung. Die eine sagte: um den jungen Mann zu verschonen, würde sie auf ihn verzichten - vielleicht mit dem Hintergedanken an Salomos Urteil. Die andere sagte unverblümt: ich würde ihn zweiteilen! Der Rabbi überlegte und kam zum Ergebnis: "Die zweite bekommt ihn, sie benimmt sich wie eine echte Schwiegermutter!"

№ 237
In der Zeit des Kalten Kriegs treffen sich ein Russe und ein Amerikaner. Sie vergleichen ihren beiden politischen Systeme, wobei der Amerikaner bemerkt, dass er viel mehr Freiheiten habe. "Gib mir doch mal ein Beispiel", meint der sowjetische Gesprächspartner. "Ich kann meinen Präsidenten öffentlich kritisieren, ohne dass ich dafür ins Gefängnis komme!" Darauf der Russe: "Diese Freiheit habe ich auch: ich kann den amerikanischen Präsidenten offen kritisieren und bekomme dafür sogar noch Geld vom KGB."

№ 238
Theologische Auseinandersetzungen und Abgrenzungen sind Alltag in der jüdischen Religion: Nach einem Schiffsunglück kann sich ein jüdischer Rabbi auf eine kleine einsame Insel retten. Eine Situation wie bei Robinson Crusoe. Ob er hier gefunden wird ist ungewiss. Er richtet sich auf eine längere Verweildauer ein. Dabei ist ihm auch die Gestaltung seines religiösen Lebens ein wichtiges Anliegen. Er baut nicht nur eine, sondern gleich zwei Synagogen. Etliche Jahre später wird der Verschollene schließlich doch entdeckt und gerettet. Als man ihn etwas verwundert fragte, warum er zwei Synagogen gebaut habe, antwortete er geradeheraus: "In die andere bin ich nicht gegangen!"

№ 239
Eva war allein im Paradies. Obwohl sie viele schöne Tiere und Pflanzen um sich hatte, fühlte sie sich doch einsam. Sie sagte zu Gott, sie hätte gerne ein menschliches Gegenüber, mit dem sie Gemeinschaft haben könne. Da meinte Gott, das sei grundsätzlich schon machbar, aber ob sie es ertragen würde, dass dieser Andere ein Egoist sei, am liebsten seinen Hobbies nachgehe, alles besser wisse und immer das letzte Wort haben müsse. Die Sehnsucht Evas war jedoch so groß, dass sie bereit war, diese Nachteile in Kauf zu nehmen. Gott flüsterte ihr zu: "Das muss aber unser Geheimnis bleiben, wir lassen ihn im Glauben, dass er zuerst erschaffen wurde!"

№ 240
Zwischen Himmel und Hölle wurde der Trennzaun beschädigt. Daraufhin musste geklärt werden, wer daran schuld ist und zahlen muss. Die Dämonen der Hölle boten eine ganze Armada von Anwälten auf, die sich des Falles annahmen und entsprechende Forderungen und Drohungen an den Himmel formulierten. Die Engel sollten ihnen im Gegenzug die Anwälte des Himmels nennen, damit sie sich mit denen auseinandersetzen könnten. Also begaben sich die Engel auf die Suche nach Anwälten, um ihre Interessen zu vertreten. Nach langer Suche mussten sie aufgeben und der anderen Seite vermelden: bei uns gibt es keine Anwälte!

№ 241
Präsident Obama ist auf Deutschlandreise. Bekannt für seine Nähe zu den Menschen besucht er u.a. einen Kindergarten. Als er mit den Kindern auf den kleinen Stühlchen am Tisch sitzt, sagt ein Fünfjähriger zu ihm: Du, Herr Obama, mein Vater sagt, dass Du uns alle abhörst!? Da schaut der Präsident mit bedauerlichem Blick auf das Kind: Glaube mir, mein Junge: der dir das sagt, das ist nicht dein Vater!

№ 242
Ein Interessent schildert dem Schadchen (Heiratsvermittler) seine Vorstellungen, wie seine zukünftige Frau sein sollte. Dabei entwickelt er enorme Ansprüche. "Hören Sie mal", sagt der Schadchen, "wenn ein Mädchen so reich und so schön und aus so guter Familie sein soll, wie Sie sich das vorstellen, müsste sie ja meschugge sein, ausgerechnet Sie zu heiraten." Darauf der Aspirant: "Meschugge darf sie sein!"

№ 243
Heiratsvermittlung ist ein Job, der bisweilen nur durch enorme Anstrengungen zum Erfolg führt. Ein Jude will seinen Sohn gut verheiraten, möglichst an eine Braut aus berühmtem und vermögendem Hause. Keine geringe Herausforderung für den Schadchen. Er entschließt sich, in die Vollen zu gehen und besucht Edmond de Rothschild: "Herr Baron, ganz im Vertrauen, ich hätte einen vorzüglichen Ehemann für Ihre Tochter."
Rothschild: "Sie stehlen Ihre und meine Zeit, bei meiner Tochter stehen bereits mehrere angesehene junge Herren Schlange, machen Sie sich keine Hoffnungen."
Der Schadchen: "Aber was halten Sie vom Vizepräsidenten der Weltbank als Schwiegersohn?"
Da horcht Rothschild auf und gesteht: "Nun, dann sieht die Sache anders aus, darüber kann man reden."
Am nächsten Tag fliegt der Schadchen zur Hauptverwaltung der Weltbank nach Washington, und es gelingt ihm, einen Termin beim Präsidenten zu bekommen. "Herr Präsident, ich habe einen ausgezeichneten Vizepräsidenten für Sie!"

Der Präsident winkt ab: "Bemühen Sie sich nicht, auf diese Position bewerben sich bereits eine Reihe fähiger und kompetenter Leute."
Der Schadchen: "Und wenn es der Schwiegersohn von Rothschild ist?"
Angenehm überrascht gesteht der Weltbank-Chef: "Den würde ich natürlich bevorzugen!"

№ 244
Fleisch und Milchprodukte dürfen in der jüdischen Küche nicht zusammenkommen. Nahum, ein tiefgläubiger Jude achtet streng auf die vorgeschriebenen Gebete und ebenso auf die Speisegebote. Eines Nachts hört er im Erdgeschoss Lärm, geht hinunter und erblickt einen Einbrecher, der gerade das Geschirr in einem großen Sack verstaut. Nahum will ihn dabei hindern und greift ihn an, da zieht der ein Messer aus dem Sack. "Bitte", schreit Nahum entsetzt, "doch nicht mit dem Käsemesser!"

№ 245
Drei Juden unterhalten sich über den Tod. Der erste meint: "Wenn ich sterbe, möchte ich neben dem weisen Rabbi Jochanan Ben Zakkai begraben werden." Der zweite: "Mir liegt Rabbi Akiba näher, er war so voller Güte, neben Ihm zu liegen wäre mir eine große Ehre." "Und ich", sagt der dritte, "möchte neben Naomi Campbell liegen." "Aber die ist ja noch am Leben" rufen die anderen beiden entsetzt. Der dritte: "Ich auch!"

№ 246
Was ist ein Perpetuum mobile? Ein Jude, der einem Schotten nachläuft, der ihm die zehn Cent nicht zurückzahlen will, die er ihm schuldet.

№ 247
Ein jüdischer Bankier: "Mein Kassierer, der mit meiner Tochter und der Kasse durchgebrannt ist, scheint allmählich zu bereuen." "Wieso, hat er das Geld zurückgegeben?" "Nein, aber meine Tochter."

№ 248
Ein islamistischer Terrorist wurde von seiner Freischärlergruppe getrennt und hatte sich in die Wüste verirrt. Orientierungslos irrt er umher, Durst quält ihn und lässt ihn immer verzweifelter werden. Doch da taucht im Flimmern des Horizonts etwas auf, was wie eine Oase aussieht. Er schöpft neuen Lebensmut und nimmt alle Kraft zusammen, so schnell wie möglich dorthin zu gelangen. Als er näher kommt, sinken die Lebensgeister erneut, er hatte sich getäuscht: hier war lediglich ein Baum, unter dem ein alter Mann saß. Als er entdeckte, dass es hier kein Wasser gab und der Mann auch noch ein Jude war, kochte er vor Wut. Nicht genug, der alte Jude bot ihm Krawatten zum Kauf an: pro Stück fünf Dollar. "Dir dreh ich mit deinen Krawatten gleich den Hals um, ich brauche Wasser, keine Krawatten." Doch der Jude bleibt beharrlich: "Du solltest eine Krawatte kaufen, fünf Dollar ist ein guter Preis!" Der Terrorist zischte zurück: "Wenn ich meine letzte Kraft nicht zum Leben bräuchte, würde ich eine Krawatte nehmen und Dich auf der Stelle strangulieren! Gib mir Wasser!" "Ich habe keins, aber ich habe Dir einen Tipp: Gehe zwei Meilen in diese Richtung, da kommt ein Restaurant mit den herrlichsten Cocktail-Drinks." Bereit, sich an jeden Strohhalm zu klammern, macht sich der Terrorist sofort auf den Weg und wankt in die Wüste hinein. Stunden später kommt er, völlig am Ende, angekrochen, haucht mit versagender Stimme: "Die lassen einen nicht rein ohne Krawatte!"

№ 249
Was ist der Unterschied zwischen Himmel und Hölle? Nun, im Himmel sind die Köche Franzosen, die Polizisten Engländer, die Techniker Deutsche, die Liebhaber Italiener und die Organisatoren Schweizer. Und in der Hölle? Da sind die Köche Engländer, die Polizisten Deutsche, die Techniker Franzosen und die Organisatoren Italiener.

№ 250
Ein Rabbi hat Zahnprobleme und geht zum Zahnarzt. Der repariert. Doch nach einiger Zeit hat der Rabbi wieder Kummer mit

seinen Zähnen. Erneut muss er den Dentisten aufsuchen. Nicht lange danach kehrt der Schmerz schon wieder zurück. Da meint der Zahnarzt: wir kriegen das Problem nicht auf die Dauer in den Griff, ich rate Ihnen, auch wenn es zunächst etwas teurer ist, sich ein Gebiss machen zu lassen, dann haben Sie Ruhe. Nachdem der Rabbi die Kosten einigermaßen verkraftet hatte, stimmt er dieser Rundumlösung zu.

Als er beim nächsten Shabat-Gottesdienst die Auslegung gibt, ist er ausnahmsweise sehr kurz: er spricht nur fünf Minuten, während er normalerweise doch eine halbe Stunde den Talmud erklärt. Am nächsten Shabat spricht er wenigstens zehn Minuten, aber immer noch außergewöhnlich kurz. Die Woche darauf: er redet und redet, ohne Punkt und Komma, erst nach zwei Stunden setzt er zur Landung an. Die erheblich verunsicherten Ältesten der Synagoge verlangt es nach Aufklärung, sie sprechen ihn auf diese merkwürdigen Längen seiner Reden an. Da erklärt er sich: "Nun ja, ich habe dieses neue Gebiss, das mir in den letzten beiden Gottesdiensten ständig verrutschte und die Zunge behinderte, so musste ich jedesmal abbrechen. Heute morgen jedoch ist es mir passiert, dass ich versehentlich das Gebiss meiner Frau reinmachte!"

№ 251
Der Bischof visitiert die katholische Pfarrgemeinde und besichtigt gerade das Pfarrhaus. Als er mit dem Pfarrer ins Schlafzimmer kommt, sieht er ein Doppelbett mit einem Bügelbrett zwischen den beiden Betten. Der Pfarrer erkennt den fragenden Blick des Visitators und erklärt: "Nun ja, rechts schlafe ich, links meine Haushälterin." Der Bischof: "Und was ist, lieber Bruder, wenn die Stunde der Versuchung kommt?" - "Kein Problem, Herr Bischof, dann ist das Brett schnell weg!"

№ 252
Zurück in alte politische Zeiten: Der russische Regierungschef Leonid Brechnew und der ihm verbündete Staatsratsvorsitzende Erich Honecker aus der DDR waren zu Gast bei der englischen Queen. Gleich zu Beginn des Dinners ließ Brechnew einen gol-

denen Löffel vom Tafelbesteck in seine Brusttasche "wandern". Honecker wollte es ihm gleichtun, streifte jedoch mit dem Löffel versehentlich ein Glas, dessen Klang die Gesellschaft aufhorchen ließ. Eine kleine Rede war unvermeidlich, und Honecker lobte den hohen politischen Stellenwert dieses Treffens. Nachdem das Essen wieder in vollem Gange war, nutzte er erneut die Gelegenheit, einen goldenen Löffel der Queen als Souvenir mit nach Hause zu bringen. Doch welch ein Missgeschick, schon wieder stieß er an das Glas: "Königliche Hoheit, Exzellenzen, verehrte Gesellschaft, ich wollte nicht versäumen, die vorzügliche Qualität der königlichen Küche hervorzuheben, dieses Essen mundet ausgezeichnet!" Alle waren seiner Meinung und gaben Beifall. Nach einer Weile ein dritter Versuch, doch welch ein Ärger, schon wieder brachte er das Glas zum Klingen: "Hochverehrliche Gesellschaft, dieses Mal möchte ich zu Ihrer Unterhaltung einen Zaubertrick vorführen. Ich nehme diesen goldenen Löffel, stecke ihn in meine Brusttasche und zaubere ihn in die Tasche von Genosse Breschnew." Flugs griff er in die Jackett-Tasche seines russischen Amtskollegen und legte den goldenen Löffel auf den Tisch.

№ 253
Kardinal Frings machte mit seinen Landfrauen eine Reise in die Schweiz. Die Damen kauften Schweizer Schokolade, und das nicht zu wenig. Als man heimwärts in Grenznähe kam, wurden die Damen nervös. Der Kardinal: "Ruhig Blut, gebt nur die ganze Schokolade her, ich mach das schon", und nimmt die 60 Tafeln unter seine weite Soutane. An der Grenze der Zöllner: "Habt Ihr was eingekauft? Kaffee, Tabakwaren, Schokolade?" Frings: "Gewiß doch, 60 Tafeln Schokolade, - aber inzwischen hab' ich sie unter den Armen verteilt." Man fuhr unbehelligt weiter.

№ 254
Ein Schweizer geht zu seinem Arzt und klagt über die Auswirkungen seines nachlassenden Gehörs: "Ich hör mine igene Fürz nit mehr!" Der Arzt schreibt ihm ein Rezept, kassiert sein Honorar und verabschiedet ihn. In der Tür dreht sich der Patient noch

einmal um und fragt: "Mi Gehör wird von däre Medizin bässr?"
Der Arzt klärt auf: "Äh, äh, Ihre Fürz wera lüter!"

№ 255
Ein Neujahrswunsch: Lieber Gott! Ich wünsche mir ein fettes Bankkonto und eine schlanke Figur. Bitte bring nicht wieder alles durcheinander, so wie letztes Jahr!

№ 256
Der Kölner Kardinal stirbt. Er vermacht dem Papst seinen Papagei. Dieser Papagei hatte die Angewohnheit, jeden Morgen zu sagen: "Guten Morgen, Eminenz." Bei seinem neuen Besitzer macht er genau das gleiche. Der ganze Vatikan ist entrüstet, dass der Papagei nicht "Guten Morgen, Eure Heiligkeit" sagt. Sie probieren alles Mögliche, um dem Papagei den neuen Spruch beizubringen, doch vergebens. Schließlich meint ein Berater des Papstes: "Wissen Sie was, morgen in der Früh gehen Sie in vollem Ornat mit Tiara, Hirtenstab und prachtvollem Messgewand ins Arbeitszimmer, dann ist der Papagei so voller Ehrfurcht, dass ihm gar nichts anderes übrig bleibt, als "Heiligkeit" zu sagen. Gesagt, getan, am nächsten Morgen kommt der Papst in voller Montur ins Arbeitszimmer. Der Papagei scheint zuerst etwas verwirrt zu sein. Dann ruft er: "Kölle Alaaf, Kölle Alaaf!"

№ 257
In einer bayrischen Familie gesteht der Sohn:
- "Papa, i hob mi verliebt!"
- "Jo, mei, in wen?"
- "Ich mogs ned sogn."
- "Jo, sog scho! In'd Zensi?"
- "Naa"
- "In'd Vroni?"
- "Na, in den Sepp!"
- "In den Sepp? Aber der ist doch evangelisch!"

№ 258
Schwäbischer Pragmatismus - konsequent und gnadenlos:

Ein Bauer liegt im Sterben und dämmert vor sich hin. Plötzlich erwacht er vom Duft eines Sauerbratens. "Aaach Fraule", stöhnt er, "bitte sei so guat und gib mr a Stück von dem Broada!" "Nix do", sagt die Bäuerin, "der isch für d' Beerdigung".

№ 259
Ein Jude kommt zum Metzger und zeigt geradewegs auf einen Schinken und sagt: "Ich hätte gern diesen Fisch dort."
"Aber das ist doch ein Schinken."
"Mich interessiert nicht, wie der Fisch heißt."

№ 260
"Wo warst du, und was tatest du während der großen Revolution im Jahre 1917?" fragt das russische Revolutionstribunal einen Juden zum soundsovielten Male. Er erklärt es ihnen, so gut er kann, und will dann aber wissen: "Und wo wart ihr alle zusammen im Jahre 1894?"
"Was gab es damals?" fragt einer der Herren zurück.
Der Jude, seufzend: "Die große Choleraepidemie".

№ 261
Der protestantische Pfarrer kommt in den Himmel. Gleich am Tor übergibt ihm Petrus einen Volkswagen: "Weil du so brav und treu warst."
Aber es geht nicht lang, da begegnet er seinem katholischen Kollegen. Der fährt in einem chromblitzenden BMW! "Warum kann der das?" will der Pastor wissen, "ist der mehr als ich?"
"Nun ja, du weißt ja, das Zölibat, die großen Opfer, das muss auch belohnt werden."
Nach einer halben Stunde trifft er den Rabbi. In einem Rolls-Royce! "Also der, der hat kein Zölibat und nichts, und ich wünsche jetzt eine Erklärung, warum ... ?"
Sankt Petrus legt den Finger auf den Mund: "Pscht! Ein Verwandter vom Chef!"

№ 262
"Chaim, der Rebbe meint, der Messias wird bald kommen!"

"Gott behüte! Da wird doch meine ganze Verwandtschaft seit der Erschaffung der Welt auferstehen - und sie werden alle zusammen herkommen und bei mir wohnen wollen!"

№ 263
Schule, Mathe-Unterricht. Der Lehrer fragt: "Mojshe, wie viel macht 2 mal 2?"
Mojshe: "Beim Einkauf oder beim Verkauf?"

№ 264
Ein deutscher Tourist in Jerusalem möchte den berühmtesten jüdischen Ort besuchen, die Klagemauer. Er steigt in ein Taxi, weiß aber nicht, was "Klagemauer" auf englisch oder gar hebräisch heißt und erklärt, er wolle zu dem Platz, "where the jewish people cry" (wo die Juden weinen). Der Fahrer kapiert sofort und fährt zielgerichtet los. Nachdem er eine Weile durch Jerusalem gekurvt ist, hält er vor einem großen Gebäude an, das nach allem anderen aussieht, nur nicht nach der Klagemauer. In großen Lettern stand darauf geschrieben: "Israel Tax Authority" (Finanzamt, לשכת המס).

№ 265
Der alte Mojshe kommt am Freitagnachmittag in ein Versicherungsbüro, um eine Lebensversicherung abzuschließen. Der Angestellte wundert sich:
"Darf ich fragen wie alt Sie sind?"
"Achtzig Jahre."
"Und da wollen Sie eine Lebensversicherung abschließen?! Übrigens schließen wir jetzt gleich unser Büro. Kommen Sie morgen wieder!"
"Morgen kann ich nicht: Schabbes!"
"Dann kommen Sie am Montag."
"Geht auch nicht. Am Montag hat mein Vater Geburtstag."
"Sie haben noch einen Vater? Wie alt ist er?"
"Hundert Jahre."
"Was! Gratuliere! Also kommen Sie halt Dienstag."
"Geht auch nicht. Da heiratet mein Großvater."

"Großvater haben Sie auch!? Wie alt ist der denn?"
"Hundertzwanzig Jahre."
"Und will noch heiraten?!"
"Was heißt will! Er muß!!"

№ 266
Im Zug treffen sich ein Rabbi und ein ehemaliger SA-Sturmbannführer.
Meint der SA-Mann: "Mann, Jud', kannst Du mir sagen warum wir den Krieg verloren haben?"
Rabbi : "Ja, wegen der jüdischen Generäle."
SA-Mann: "Aber wir hatten doch keine Juden als Generäle! Das hätt's bei uns nie gegeben!"
Rabbi: "Eben deswegen!"

№ 267
Der Bischof macht eine Rundreise durch sein Bistum. In einem Pfarrhaus trifft er zwei junge hübsche Frauen als Haushälterinnen an. Darauf stellt er den Pfarrer zur Rede: "Was haben Sie sich dabei gedacht?"
"Eine ältere über 40 Jahre habe ich nicht gefunden" meint der Pfarrer, "da habe ich halt zwei 20jährige genommen."

№ 268
Am Pier von New York redet ein alter, zerlumpter Jude auf den Kapitän eines nach Israel fahrenden Schiffes ein: "Herr Kapitän, haben Sie ein Mitleid mit einem sterbenden Juden! Nehmen Sie mich um Gotteslohn mit nach Israel, damit ich begraben sein kann im Lande meiner Väter!"
Der Kapitän erbarmt sich und nimmt den Bittsteller mit. Aber bei der Ausfahrt aus Haifa steht derselbe Mann wieder am Pier und fleht, der Kapitän möchte ihn doch wieder nach New York zurückbringen.
"Wissen Sie", erklärt er, "mein Leiden hat sich gebessert. In Israel sterben - ja. Aber leben?!"

№ 269
Der Priester Johann Ulrich Megerle (1644-1709) aus Kreenheinstetten bei Meßkirch wurde wegen seiner Vortrefflichkeit als Prediger nach Wien berufen. Im Kloster Maria Brunn hatte er den Namen Abraham a Sancta Clara angenommen. Begabt mit ungewöhnlicher Sprachkraft und Sprachphantasie verfasste er rund 600 Schriften und Predigten. Einmal prangerte er in seiner Predigt die heruntergekommene Moral der Damen in der vornehmen Wiener Gesellschaft an: "Sie sind es nicht einmal wert, mit einer Mistgabel angefasst zu werden!" wetterte er. - Ein Shitstorm der Entrüstung ging durch die Stadt. Er müsse diese unverschämte Aussage unverzüglich widerrufen, machte man ihm unmissverständlich deutlich. In Erwartung einer Entschuldigung ist die Kirche am darauffolgenden Sonntag übervoll. Er predigt und predigt, nichts geschieht. Auf den Kirchenbänken rumort der Unmut. Erst am Schluss spricht er das prekäre Thema doch noch an: Er habe letzten Sonntag gepredigt, die Wiener Damen seien es nicht wert, mit einer Mistgabel angefasst zu werden. Er widerrufe nun diese Aussage und stelle fest: "Sie sind es doch wert!"

№ 270
Pfarrer Pfleiderer legt Wert darauf, dass die Kirchensteuern, die er als Alimentation (Ernährungsgrundlage) bekommt, wieder in die heimische Wirtschaft einfließen, um neue Kirchensteuern zu generieren. So war er guter Kunde bei der Felsengarten-Kellerei in Hessigheim. Eines Tages bekommt er vom Oberkirchenrat einen Brief. Er möge sich dem landeskirchlichen Vertrauensarzt im DIAK in Stuttgart vorstellen. Im Zuge der Anamnese fragt der Arzt: "Herr Pfleiderer, was trinken Sie denn so?" - "Ach, Herr Doktor, wisset Se, da bin ich net wählerisch, - was Sie da habet."

№ 271
Es war in einer Zeit, als es noch kein Telefon oder Email gab. Die schon etwas betagte Tante war zur Hochzeit ihrer Nichte eingeladen. Kurz vor dem Festtermin erkrankte sie jedoch und musste sich entschuldigen. Sie gab bei der Post ein Telegramm auf, gratulierte zur Trauung und fügte einen geistlichen Gruß an.

Da ein Telegramm möglichst kurz sein sollte, ließ sie notieren: "Ich grüße euch mit 1. Joh. 4,18" Dort steht: "Furcht ist nicht in der Liebe, sondern die völlige Liebe treibt die Furcht aus." Das Fräulein vom Amt war nicht so ganz bibelfest und telegraphierte: "Ich grüße euch mit Joh 4,18". Sie ließ also die "1." weg. Als das Telegramm ankam, schaute die Nichte nach, was da in der Bibel stand und musste lesen: "Fünf Männer hast du gehabt, und der, den du jetzt hast, ist nicht dein Mann!"

№ 272
Joseph von Arimathia war es, der sein neues Familiengrab, eine aufwändig aus dem Fels gehauene Gruft, für die Bestattung des gekreuzigten Jesus zur Verfügung gestellt hatte. Als er zuhause mit seiner Frau darüber sprach, machte sie ihm schwere Vorwürfe: "Wie kannst Du nur unser teures Grab hergeben, das für uns selbst gedacht war." Darauf Joseph: "Beruhige dich, Liebling, es ist nur für's Wochenende!"

№ 273
Altbundeskanzler Helmut Kohl kommt zum Papst und bittet um Heiligsprechung. Schließlich habe er sich große Verdienste um die Wiedervereinigung Deutschlands und die Europäische Union erworben. Der Papst wendet ein, es würden nur Verstorbene heilig gesprochen. Darauf Kohl: "Scheintot war ich schon mal!" Der Papst ist beeindruckt und lenkt ein: "Also gut, dann sprechen wir Sie scheinheilig."

№ 274
Der Kaiser von Japan sucht den besten Samurai-Kämpfer der Welt. Aus vielen Ländern kommen Bewerber. Am Ende der Vorausscheidung bleiben drei übrig, ein Japaner, ein Chinese und ein Israelit. Der Kaiser lässt es sich nicht nehmen, selbst den Besten auszuwählen. Zuerst tritt der Japaner an: mit wahrhaft akrobatischen Bewegungen schwang er sein Schwerterpaar und erlegte 20 Fliegen, die tot zu des Kaisers Füßen lagen. Dann trat der Chinese an: sein Auftritt war noch virtuoser, ihm gelang es, 30 Fliegen in der Luft zu zerteilen. Schließlich kam der Jude an die

Reihe: kurz schwang er die Schwerter und traf nur eine einzige Fliege; die kam ins Taumeln, erholte sich aber schnell wieder. Erstaunt fragt der Kaiser: warum nur eine Fliege, und die ist nicht mal tot? Darauf der jüdische Kämpfer: "Kaiserliche Hoheit, eine Beschneidung ist nicht dazu da, jemanden zu töten!"

№ 275
Der Bankdirektor fragt den Pfarrer: "Habe ich einen Platz im Himmel sicher, wenn ich der Kirche 25.000 Euro schenke?"
"Gottes Wege sind zwar unergründlich, aber ein Versuch wäre es wert."

№ 276
Der Pfarrer betroffen: "Mein Sohn, im Himmel werden wir uns sicher nicht mehr über den Weg laufen." - "Aber Herr Pfarrer, sie haben doch nicht etwa gesündigt?"

№ 277
Zwei Hochseilartisten heiraten. Der Pfarrer predigt: "Möge der Herrgott immer seine schützende Hand über euch halten." - "UNTER uns, Herr Pfarrer, UNTER uns!"

№ 278
Der neue Pfarrer hat gerade sein neues Büro bezogen. Plötzlich klopft es an der Tür. Denkt sich der Pfarrer: "Na, ich werde mir gleich Respekt verschaffen!" Er nimmt den Telefonhörer in die Hand und ruft: "Herein!" Es ist der Messner. Der neue Pfarrer spricht in sein Telefon: "Freut mich, Herr Kardinal. Da sind wir einer Meinung. Und nochmals vielen Dank für die Gratulation, wir sehen uns demnächst." Danach legt er auf, begrüßt den Messner und fragt ihn: "Was wollen Sie von mir?" - "Ich muss noch ihr Telefon anschließen, Herr Pfarrer."

№ 279
Treffen sich zwei katholische Pfarrer auf der Straße, da sagt der eine zum anderen: "Du, ich habe mitgekriegt, Du hattest gestern Abend eine Meinungsverschiedenheit mit Deiner Haushälterin." -

"Ja, und das nicht wenig, wir hatten regelrecht Streit!" - "Ehrlich? Und wie ist es ausgegangen?" - "Du wirst es kaum glauben, ich sag' Dir, die ist auf allen Vieren angekrochen gekommen." - "Echt? Das passt ja gar nicht zu ihr. Und was hat sie gesagt?" - "Kommen Sie sofort unter dem Bett vor!"

№ 280
Fragt der katholische Pfarrer den jüdischen Rabbiner: "Wann werden Sie endlich Schweinefleisch essen?" Sagt der Rabbiner: "Auf Ihrer Hochzeit, Hochwürden!"

№ 281
Aus der Praxis des Schadchan, des jüdischen Heiratsvermittlers: Jankl will heiraten. Der Schadchan (jiddisch Schadchen) fährt ihn zu einem Mädchen. Auf dem Heimweg erklärt Jankl: "Sie gefällt mir nicht, sie hat einen unechten Busen, falsche Haare, falsche Zähne und einen Buckel …" "Ja schon", bestätigt der Schadchan, "aber der Buckel ist echt!"

№ 282
Drei schwäbische Handwerker diskutieren über das Alter ihrer Berufsstände. Jeder glaubt, er hätte den ältesten Beruf. Sagt der Maurer: "Mir hen scho di Pyramida von Ägypta baud." Sagt der Gärtner: "Des isch no gar nix, mir hen scho dr Garda Eda pflanzt." "A wa" sagt da der Elektriker "wo dr liabe Godd gseid hod - es werde Licht - hen mir di Leidonga scho glegd ghet."

№ 283
Eine wahre Geschichte, die ein Altenpfleger berichtet: Heute nach dem Abendessen ruft mich ein dementer Mann zu sich und fragt mich, ob ein Pfarrer da wäre. Ich frage ihn: "Warum?" Ja, da sei so eine Sache, er müsse etwas beichten … Ich sage ihm, dass ich Pfarrersohn sei, also auch so eine Art Seelsorger. Er lässt sich überzeugen und beichtet flüsternd: "Ich habe in die Hose geschissen!" "Das können wir beheben," antwortete ich zu seiner Erleichterung und habe ihn dann großflächig sauber gemacht.

Für mich dachte ich dabei: Da bekommt das Wort "Beichtstuhl" noch einmal eine ganz neue Bedeutung. (Moses Uhlmann)

№ 284

Ein katholischer Pfarrer klagt, wie schwer es sei, die Spenden für die dringend zu erneuernde Orgel zusammenzubekommen. Sein Kirchenpfleger habe ihm vorgerechnet, dass beim derzeitigen Spendeneingang er als Pfarrer, obwohl noch jung an Jahren, eine neue Orgel nicht mehr erleben werde. Doch habe sich dann noch ein unerwarteter Glücksfall eingestellt, dank dessen heute frische Orgelklänge die Kirche erfüllten. Der Pfarrer erzählt, wie ein Gemeindeglied zu ihm kam und einen außergewöhnlichen Wunsch äußerte. Er sei alleinstehend und sehr einsam, ohne nähere Verwandte, da habe er sich einen Hundewelpen gekauft und ihn derart lieb gewonnen, dass er wie ein Kind sei. Und wer als guter Katholik sein Kind liebt, will es auch baldmöglichst taufen lassen. Der Pfarrer wehrt ab, das ginge aber nun gar nicht, denn die Sakramente seien nur für Menschen gedacht. "Aber Herr Pfarrer" meint der gute Mann, "der Hund ist für mich wie ein Mensch. ... Überdies, Sie müssen es nicht umsonst machen, Sie sammeln doch für eine neue Orgel, ich könnte die gesamten Kosten übernehmen, und mehr noch, eine Glocke spende ich dazu!" Der Pfarrer ist völlig überrascht und kommt ins Grübeln: Sollte man das Loben Gottes nicht über eine kleine Ungenauigkeit in der Sakramentsverwaltung stellen? Er macht den Vorschlag: "Meinetwegen machen wir's, aber nicht im Gottesdienst, sondern am Sonntagnachmittag, und ganz wichtig: wir behalten das für uns!" Gesagt, getan, aber wie es eben so ist, die Sache kam raus. Sie kam sogar bis zu den Ohren des Bischofs. Der bestellte den Pfarrer ein und wies ihn aufs Strengste zurecht. Wie er denn dazu käme, sich derart über die kirchlichen Ordnungen hinwegzusetzen, das sei ein schweres Amtsvergehen. Nun kam der Pfarrer nicht mehr umhin, die tatsächlichen Hintergründe zu schildern: "Die Spende hat unsere Orgel, das Lob Gottes der Gemeinde gerettet, und dazu kam noch eine dritte Glocke für unser spärliches Geläut." Der Bischof verstand, rieb sich sinnierend am Kinn und meinte: "Müssten wir da nicht über eine Firmung nachdenken?"

№ 285

Ein junges Ehepaar will einfach keine Kinder kriegen. Da überlegen sie, ob man nicht auch den Pfarrer um Rat fragen könnte. Und in der Tat kennt er sich damit aus und empfiehlt ihnen eine Wallfahrt nach Lourdes. Dort sollten sie in die Grotte gehen und eine Kerze anzünden, das würde helfen. Da sie schon alles probiert hatten, kam es nun darauf auch nicht mehr an und sie fuhren nach Lourdes. Jahre später, der Pfarrer war inzwischen versetzt worden, fuhr er durch die alte Gemeinde, da fiel ihm dieses Ehepaar ein. Ob sein damaliger Ratschlag wohl geholfen hat? Schon als er sich dem Haus nähert, hört er lautes Kindergeschrei. Im Garten sieht er Schaukel, Rutsche, Fahrräder, Skateboards, ein wildes Durcheinander von Spielsachen. Da fragt der Pfarrer die Kinder, wo denn ihre Eltern seien. Die sagen, ihre Mutter sei gerade im Krankenhaus und würde das zehnte Geschwisterchen bekommen, der Vater sei verreist. Verreist? Das ist ja merkwürdig, wohin denn? Die Kinder meinen, das hätten sie nicht so richtig verstanden, er habe gesagt, er müsse nach Lourdes und dort eine Kerze ausblasen.

№ 286

Ein Taxifahrer chauffiert eine Nonne und kommt mit ihr ins Gespräch. Da gesteht er: "Stellen Sie sich vor, seit meiner Jugend habe ich einen komischen Wunsch, ich würde einfach mal gerne eine Nonne küssen, aber das ist ja unmöglich." Nach einer kurzen Stille fragt die Nonne: "Sind Sie unverheiratet?" - "Ja." - "Sind Sie katholisch?" - "Ja selbstverständlich." - "Nun ja, wenn das Ihr inniger Herzenswunsch ist, können wir ja mal eine Ausnahme machen." In einer Parkbucht küssen sie sich intensiv. Während der Weiterfahrt fängt der Taxifahrer plötzlich an, jämmerlich zu schluchzen. "Was ist mit Ihnen, sie hatten doch gerade ein so schönes Erlebnis?" fragt die Nonne. "Ich habe solche Gewissensbisse, dass ich es kaum mehr aushalte, ich habe Sie angelogen: ich bin sowohl verheiratet als auch evangelisch." "Nun", meinte die Nonne, "wir haben alle unsere kleinen Geheimnisse. Ich heiße übrigens Kurt und bin auf dem Weg zum Faschingsball!"

№ 287
In einem Bibelkreis wird über die Arche Noah diskutiert. Mehr und mehr geht es in die Details, bis man schließlich bei der Frage landet, welches Geschlecht die ausgesandte Taube, die mit dem Ölblatt zurückkehrte, gehabt habe. Ein Mitglied ist sich sicher: sie muss männlich gewesen sein, denn ein Weibchen kann den Schnabel so lange nicht halten.

№ 288
Ein katholischer Pfarrer überlegt sich, mit dem Rektor der örtlichen Schule etwas näher in Kontakt zu kommen. Mit seiner Haushälterin bespricht er, dass man sich bei einem Essen etwas besser kennenlernen könne. Gesagt getan, er lädt den Lehrer zu einem Essen ins Pfarrhaus ein. Sie unterhalten sich bestens und zeigen ihm auch noch die Räumlichkeiten. Nach der Verabschiedung fängt die Haushälterin an, das Geschirr zu spülen. Dabei bemerkt sie, dass ein silberner Löffel fehlt. Sie bespricht die Sache mit dem Pfarrer, der meint, sie solle erst mal gründlich suchen, vielleicht sei er irgendwo runtergefallen. Als sie ihn nicht findet, meint er, irgendwie werde er sich schon herausstellen. Als auch dem nicht so ist, beschließen sie, den Rektor darauf anzusprechen. Der Pfarrer fasst sich ein Herz und schildert ihm die Lage: seid er zu Besuch da gewesen sei, würde ein silberner Löffel fehlen. Der Schulmeister lacht: ich weiß sehr wohl, wo der Löffel ist, nämlich bei Ihnen im Pfarrhaus. Beim Rundgang habe ich mir den kleinen Scherz erlaubt und ihn Ihrer Haushälterin unter die Bettdecke gesteckt.

№ 289
Habe meine Frau gefragt, ob sie zu Weihnachten gerne ein paar Brillant-Ohrringe hätte. Sie meinte, »nichts« würde sie glücklicher machen. Ihr Wunsch war mir Befehl: also habe ich ihr nichts gekauft.

№ 290
Ein Schwabe, ein Italiener und ein Ägypter streiten, wer die älteste Kultur hat. Der Italiener: "Wir haben schon vor 2000 Jahren überragende Gebäude gebaut, unsere Aquädukte befördern noch heute Wasser!" Der Ägypter: "Das ist ja gar nichts, wir haben schon vor 4000 Jahren berghohe Pyramiden gebaut und die stehen in 4000 Jahren immer noch." Der Schwabe ist etwas verlegen und überlegt kurz: "Kennad Ihr Eva? Ihr wissad scho, dia vo Adam und Eva ... Des war a geborane Häberle!"

№ 291
Frau Maiers Spülmaschine war defekt. Sie rief also einen Installateur, der sich für den nächsten Vormittag ankündigte. Da sie zu dieser Zeit aber nicht im Hause war, sagte sie ihm: "Ich lasse den Schlüssel unter der Türmatte: reparieren Sie den Geschirrspüler bitte und lassen Sie die Rechnung auf dem Sideboard liegen. Sie brauchen übrigens keine Angst vor meinem Hund zu haben, der tut Ihnen nichts. Aaaaber auf keinen Fall und unter gar keinen Umständen dürfen Sie mit meinem Papagei sprechen!" Als der Handwerker am nächsten Tag ankam, war alles wie angekündigt, und tatsächlich war der Hund der größte und furchterregendste, den er in seinem ganzen Leben gesehen hatte. Doch der blieb ganz unaufgeregt und beobachtete ihn friedlich bei seiner Arbeit. Der Papagei hingegen bewarf ihn mit Nüssen, schrie, schimpfte und bedachte ihn ununterbrochen mit den übelsten Ausdrücken. Schließlich konnte sich der gute Mann nicht mehr zurückhalten und schrie: "Halt's Maul, du blöder, hässlicher Vogel, sonst dreh ich dir den Kragen rum!" Darauf entgegnete der Papagei: "Fass, Hasso!"

№ 292
Ein Mann hat gesundheitliche Beschwerden. Nach langem Hin und Her beschließt er, zum Arzt zu gehen. "Herr Doktor, mir geht es gar nicht gut." Der Arzt beginnt, ihn zu untersuchen. Er macht ein EKG, hört die Lunge ab, untersucht die Leber und die Nieren. Nach einer Stunde sagt er: "Herr Müller, ich kann nichts feststel-

len. Wahrscheinlich liegt es am Alkohol." Antwortet der Mann: "Gut Herr Doktor, dann komme ich wieder, wenn Sie nüchtern sind."

№ 293
Eine jüdische Gemeindegruppe ist mit ihrem Rabbi im Zug unterwegs. Es ist Freitagabend und der Shabbat beginnt. Eigentlich dürften sie am Shabbat nicht Zugfahren und müssten an der nächsten Haltestelle aussteigen. Da erhebt sich der Rabbi mit vollmächtiger Geste, wie Mose streckt er beide Hände aus, erklärt die Gegend rechts und links außerhalb vom Zug zum Shabbatgebiet. Die Gemeinde ist erleichtert: "Unser Rabbi hat die Autorität, festzulegen, wo der Shabbat stattfindet, - und was er sagt, das gilt."

№ 294
"Ich tüe mis Gäld nimme uff d' Bank", seit eine zum Matti: "das ischt zwenig sicherts; ich tües unders Chopfchischi."
"Ja, weischt" meint dr Matti:
"So hooch ligge chan ich nit."

№ 295
Eine ältere Dame aus der Gemeinde hat die seltene Ehre, ihren 100. Geburtstag feiern zu dürfen. Selbstverständlich stattet ihr auch der Rabbi seinen Besuch ab. Als die Stimmung schon etwas aufgelockert war, erlaubte er sich die Frage nach dem Geheimnis ihres hohen Alters. Die Antwort kam prompt: "Alkohol und Sex!" Eine durchaus delikate Mischung. Er konnte es sich nicht verkneifen und fragte direkt zurück: "Ääh, wann hatten Sie zum letztenmal Sex?" - "Neunzehnfünfundvierzig". - "Aah, das ist ja schon ein Weilchen her!" - "Warum, jetzt ist erst Viertel nach Acht."

№ 296
Im Beichtstuhl sagt ein junger Mann: "Ich habe den Wunsch, ewig zu leben, was soll ich tun?" Sagt der Priester: "Heiraten!" -

"Und dann werde ich ewig leben?" - "Nein, aber der Wunsch verschwindet."

№ 297
Yankel Broder trifft seinen Freund Pavel Katz auf dem Markusplatz in Venedig. "Was machst du denn hier?", erkundigt er sich. "Ich bin auf der Hochzeitsreise." - "Gratuliere! Und wo hast du deine Frau?" - "Na hör mal, jemand muß doch aufs Geschäft aufpassen."

№ 298
Der Kunde im Brooklyner Tuchgeschäft hat sich einen Stoff ausgesucht und wendet sich grinsend an den jüdischen Besitzer, Zalman Kowalski: "Geben Sie mir davon ein Stück, das von ihrer Nasenspitze bis zur Spitze ihres Pimmels reicht." Der alte Zalman verbeugt sich und verspricht, die Ware direkt nach Hause zu liefen. Zwei Tage später stehen fünf große Lastwagen vor dem Haus des Kunden. Unzählige Ballen des ausgesuchten Stoffes werden ausgeladen. Am Ende bekommt der Kunde die – sehr hohe – Rechnung überreicht und eine kleine handgeschriebene Notiz: "With compliments von Zalman Kowalsky – wohnhaft in New York, beschnitten in Warschau."

№ 299
Ein frommer Jude kommt ins Paradies und macht sich dort sofort auf die Suche nach seinem verehrten Lehrer. Er findet ihn schliesslich auch. Der alte Gelehrte, mit Schläfenlocken, Pelzhut und schwarzem Kaftan, sitzt am Rand eines Swimmingpools auf einer Hollywoodschaukel. Und er hat eine blonde Bikini-Schönheit auf dem Schoss. "Ist das dein Paradies?", fragt der fromme Jude ungläubig. "Nein", antwortet sein Lehrer, "das ist ihre Hölle."

№ 300
"Weshalb haben wir den Krieg (den Ersten Weltkrieg) verloren?", fragt ein Lehrer seine Schüler.
"Wegen der jüdischen Generäle", ruft Salomon.

"Sehr gut", erwidert der Lehrer spontan, um sich sogleich zu verbessern: "Aber wir hatten gar keine jüdischen Generäle."
"Nein, aber die anderen hatten welche", erläutert Salomon.